杭州优秀传统文化丛书

Hangzhou Youxiu Chuantong Wenhua Congshu

严州逸事

朱睦卿————著

杭州出版社

图书在版编目（CIP）数据

严州逸事 / 朱睦卿著 . -- 杭州：杭州出版社，
2022.1
（杭州优秀传统文化丛书）
ISBN 978-7-5565-1716-9

Ⅰ . ①严… Ⅱ . ①朱… Ⅲ . ①文化史—史料—建德
Ⅳ . ① K295.54

中国版本图书馆 CIP 数据核字（2021）第 277943 号

Yanzhou Yishi

严州逸事

朱睦卿　著

责任编辑	段伟文
装帧设计	章雨洁
美术编辑	祁睿一
责任校对	魏红艳
责任印务	姚　霖
出版发行	杭州出版社（杭州市西湖文化广场32号6楼） 电话：0571-87997719　邮编：310014 网址：www.hzcbs.com
排　　版	浙江时代出版服务有限公司
印　　刷	天津画中画印刷有限公司
经　　销	新华书店
开　　本	710 mm×1000 mm　1/16
印　　张	14
字　　数	173千
版印次	2022年1月第1版　2022年1月第1次印刷
书　　号	ISBN 978-7-5565-1716-9
定　　价	58.00元

序　言

文化是城市最高和最终的价值

　　我们所居住的城市，不仅是人类文明的成果，也是人们日常生活的家园。各个时期的文化遗产像一部部史书，记录着城市的沧桑岁月。唯有保留下这些具有特殊意义的文化遗产，才能使我们今后的文化创造具有不间断的基础支撑，也才能使我们今天和未来的生活更美好。

　　对于中华文明的认知，我们还处在一个不断提升认识的过程中。

　　过去，人们把中华文化理解成"黄河文化""黄土地文化"。随着考古新发现和学界对中华文明起源研究的深入，人们发现，除了黄河文化之外，长江文化也是中华文化的重要源头。杭州是中国七大古都之一，也是七大古都中最南方的历史文化名城。杭州历时四年，出版一套"杭州优秀传统文化丛书"，挖掘和传播位于长江流域、中国最南方的古都文化经典，这是弘扬中华优秀传统文化的善举。通过图书这一载体，人们能够静静地品味古代流传下来的丰富文化，完善自己对山水、遗迹、书画、辞章、工艺、风俗、名人等文化类型的认知。读过相关的书后，再走进博物馆或观赏文化景观，看到的历史遗存，将是另一番面貌。

　　过去一直有人在质疑，中国只有三千年文明，何谈五千年文明史？事实上，我们的考古学家和历史学者一直在努力，不断发掘的有如满天星斗般的考古成果，实证了五千年文明。从东北的辽河流域到黄河、长江流域，特别是杭州良渚古城遗址以4300—5300年的历史，以夯土高台、合围城墙以及规模宏大的水利工程等史前遗迹的发现，系统实证了古国的概念和文明的诞生，使世人确信：这里是古代国家的起源，是重要的文明发祥地。我以前从来不发微博，发的第一篇微博，就是关于良渚古城遗址的内容，喜获很高的关注度。

　　我一直关注各地对文化遗产的保护情况。第一次去良渚遗址时，当时正在开展考古遗址保护规划的制订，遇到的最大难题是遗址区域内有很多乡镇企业和临时建筑，环境保护问题十分突出。后来再去良渚遗址，让我感到一次次震撼：那些"压"在遗址上面的单位和建筑物相继被迁移和清理，良渚遗址成为一座国家级考古遗址公园，成为让参观者流连忘返的地方，把深埋在地下的考古遗址用生动形象的"语言"展示出来，成为让普通观众能够看懂、让青少年学生也能喜欢上的中华文明圣地。当年杭州提出西湖申报世界文化遗产时，我认为是一项需要付出极大努力才能完成的任务。西湖位于蓬勃发展的大城市核心区域，西湖的特色是"三面云山一面城"，三面云山内不能出现任何侵害西湖文化景观的新建筑，做得到吗？十年申遗路，杭州市付出了极大的努力，今天无论是漫步苏堤、白堤，还是荡舟西湖里，都看不到任何一座不和谐的建筑，杭州做到了，西湖成功了。伴随着西湖申报世界文化遗产，杭州城市发展也坚定不移地从"西湖时代"迈向了"钱塘江时代"，气势磅礴地建起了杭州新城。

从文化景观到历史街区，从文物古迹到地方民居，众多文化遗产都是形成一座城市记忆的历史物证，也是一座城市文化价值的体现。杭州为了把地方传统文化这个大概念，变成一个社会民众易于掌握的清晰认识，将这套丛书概括为城史文化、山水文化、遗迹文化、辞章文化、艺术文化、工艺文化、风俗文化、起居文化、名人文化和思想文化十个系列。尽管这种概括还有可以探讨的地方，但也可以看作是一种务实之举，使市民百姓对地域文化的理解，有一个清晰完整、好读好记的载体。

传统文化和文化传统不是一个概念。传统文化背后蕴含的那些精神价值，才是文化传统。文化传统需要经过学者的研究提炼，将具有传承意义的传统文化提炼成文化传统。杭州在对丛书作者写作作了种种古为今用、古今观照的探讨交流的同时，还专门增加了"思想文化系列"，从杭州古代的商业理念、中医思想、教育观念、科技精神等方面，集中挖掘提炼产生于杭州古城历史中灵魂性的文化精粹。这样的安排，是对传统文化内容把握和传播方式的理性思考。

继承传统文化，有一个继承什么和怎样继承的问题。传统文化是百年乃至千年以前的历史遗存，这些遗存的价值，有的已经被现代社会抛弃，也有的需要在新的历史条件下适当转化，唯有把传统文化中这些永恒的基本价值继承下来，才能构成当代社会的文化基石和精神营养。这套丛书定位在"优秀传统文化"上，显然是注意到了这个问题的重要性。在尊重作者写作风格、梳理和讲好"杭州故事"的同时，通过系列专家组、文艺评论组、综合评审组和编辑部、编委会多层面研读，和作者虚心交流，努力去粗取精，古为今用，这种对文化建设工作的敬畏和温情，值得推崇。

人民群众才是传统文化的真正主人。百年以来，中华传统文化受到过几次大的冲击。弘扬优秀传统文化，需要文化人士投身其中，但唯有让大众乐于接受传统文化，文化人士的所有努力才有最终价值。有人说我爱讲"段子"，其实我是在讲故事，希望用生动的语言争取听众。今天我们更重要的使命，是把历史文化前世今生的故事讲给大家听，告诉人们古代文化与现实生活的关系。这套丛书为了达到"轻阅读、易传播"的效果，一改以文史专家为主作为写作团队的习惯做法，邀请省内外作家担任主创团队，组织文史专家、文艺评论家协助把关建言，用历史故事带出传统文化，以细腻的对话和情节蕴含文化传统，辅以音视频等其他传播方式，不失为让传统文化走进千家万户的有益尝试。

中华文化是建立于不同区域文化特质基础之上的。作为中国的文化古都，杭州文化传统中有很多中华文化的典型特征，例如，中国人的自然观主张"天人合一"，相信"人与天地万物为一体"。在古代杭州老百姓的认知里，由于生活在自然天成的山水美景中，由于风调雨顺带来了富庶江南，勤于劳作又使杭州人得以"有闲"，人们较早对自然生态有了独特的敬畏和珍爱的态度。他们爱惜自然之力，善于农作物轮作，注意让生产资料休养生息；珍惜生态之力，精于探索自然天成的生活方式，在烹饪、茶饮、中医、养生等方面做到了天人相通；怜惜劳作之力，长于边劳动，边休闲娱乐和进行民俗、艺术创作，做到生产和生活的和谐统一。如果说"天人合一"是古代思想家们的哲学信仰，那么"亲近山水，讲求品赏"，应该是古代杭州人的生动实践，并成为影响后世的生活理念。

再如，中华文化的另一个特点是不远征、不排外，这体现了它的包容性。儒学对佛学的包容态度也说明了这一点，对来自远方的思想能够宽容接纳。在我们国家的东西南北甚至是偏远地区，老百姓的好客和包容也司空见惯，对异风异俗有一种欣赏的态度。杭州自古以来气候温润、山水秀美的自然条件，以及交通便利、商贾云集的经济优势，使其成为一个人口流动频繁的城市。历史上经历的"永嘉之乱，衣冠南渡"，"安史之乱，流民南移"，特别是"靖康之变，宋廷南迁"，这三次北方人口大迁移，使杭州人对外来文化的包容度较高。自古以来，吴越文化、南宋文化和北方移民文化的浸润，特别是唐宋以后各地商人、各大商帮在杭州的聚集和活动，给杭州商业文化的发展提供了丰富营养，使杭州人既留恋杭州的好山好水，又能用一种相对超脱的眼光，关注和包容家乡之外的社会万象。这种古都文化，也代表了中华文化的包容性特征。

城市文化保护与城市对外开放并不矛盾，反而相辅相成。古今中外的城市，凡是能够吸引人们关注的，都得益于与其他文化的碰撞和交流。现代城市要在对外交往的发展中，进行长期和持久的文化再造，并在再造中创造新的文化。杭州这套丛书，在尽数杭州各色传统文化经典时，有心安排了"古代杭州与国内城市的交往""古代杭州和国外城市的交往"两个选题，一个自古开放的城市形象，就在其中。

　　"杭州优秀传统文化丛书"在传统和现代的结合上，想了很多办法，做了很多努力，他们知道传统文化丛书要得到广大读者接受，不是件简单的事。我们已经走在现代化的路上，传统和现代的融合，不容易做好，需要扎扎实实地做，也需要非凡的创造力。因为，文化是城市功能的最高价值，也是城市功能的最终价值。从"功能城市"走向"文化城市"，就是这种质的飞跃的核心理念与终极目标。

2020 年 9 月

（单霁翔，中国文物学会会长）

润难成　过旬晴烘乾
宜势菜那充湖山雨景
逢景实佳哉适可止不
妨遊兴恐妨农　烟丝
风片拂滨茫茫蓝半湖
生薄涼雖值閏春三月
近过多盖應碎雨肠
處處壽民織兴耕雨腸
惟是廛吾情朙湖可戀
煙光好却為法閒闢迄
望晴

臣钱维城恭录

西湖雨泛图（局部）

目　录

引 言

　　笔记小说是散文化的小说，也是散文化的史料，既有文学性，也有史料性，既可以当作文学作品来欣赏，也可以作为史料来研究。就其范围而言，泛指一切用文言文写的志怪、传奇、杂录、琐闻、传记、随笔，举凡天文地理、朝章典制、草木虫鱼、风俗民情、鬼怪神仙、艳情传奇、笑话奇谈、逸事琐闻等等，皆可收入，十分宽泛自由；就其所写对象区分，则可以分为志怪小说和志人小说两大类。

　　本书收入的28篇作品（篇内引用的其他作品另有49篇）涉及不同的朝代，从不同的角度记录了发生在严州的故事：志人方面的有历史名人如严子陵、范仲淹、岳飞、李文忠和商辂的故事，也有凡夫俗子如乡下打工人倪氏母子、穿草鞋的樵夫土地的故事；志怪方面的有唐代版的铸剑故事，有严州最大的神祇乌龙老爷的传奇故事，有呼啸而至的乌龙山猴群，有换代之际屡屡出现的阴间鬼魂……篇幅虽然有长有短，但是刻画人物都栩栩如生、呼之欲出：自负而性急的皇甫湜、潇洒如仙人的喻陟、料事如神的王升……

　　这些笔记小说既有浓郁的文学性，也有很高的历史价值，是历代笔记小说中的精品，也是珍贵的严州文化史料。

严州是浙江 11 个传统的州府之一，也是浙江省唯一消失了的州府。严州的前身是睦州，建置于隋朝，下辖建德、寿昌、淳安、遂安、桐庐、分水六县。严州地处浙西山区，位于钱塘江上游，新安江、兰江和富春江在州城下汇合，流贯全境，通三省（皖、浙、赣），连五州（金、衢、严、徽、杭），扼三江，是钱塘江上游的水运枢纽。南宋都杭，政治中心南移，高踞国都临安上游的严州一跃成为"京畿三辅"，战略地位十分重要。明朝开国，朱元璋首先经营东南，严州是重要的根据地，为统一天下发挥了很大的作用，因此，有明一代，严州在浙江的地位仅次于省会杭州而排名第二，一直到清前期都是如此。

民国元年（1912），严州军政分府撤销，后来虽然在严州区域内先后设置过第四专员公署、建德专署等行政机构，但都不以严州命名，严州的名称从此走进了历史。

秦汉以前，严州一带为吴越交界地区，越国灭亡以后，越人的后裔遁入闽、浙、赣的崇山峻岭之中，以山林为家，"仗兵野逸，白首于林莽……好武习战，高尚气力"（《三国志·吴书·诸葛恪传》），人称之为"山越"。庄子把这一带称为"建德之国"，作为自己理想的国度，给予高度评价。山越遗风对严州的民风影响很大，唐宋两朝，这里先后出现陈硕真和方腊两支农民起义队伍，绝非偶然。

受山越之民崇尚鬼神的影响，严州的民间文学宝藏十分丰富，无论是贩夫走卒还是山乡野老，人人都会讲"海话"，有着一股浓浓的"聊斋气"，这也是以谈狐说鬼闻名的《聊斋志异》的第一个刻本诞生在这里的重要原因。

严州已经成为昨天的梦，但是严州人民创造的文化不会消散，她永远存活在中国的历史中。

篷窗夜听潇潇雨，兰桡摇梦下严州。让我们坐着笔记小说的兰舟进入严州的梦境吧！

人中之龙严光

严光字子陵，严州人都亲切地称他为严子陵，他是
对严州影响最大的历史人物之一。他不仅给严州带来了
"姓氏"，也极大地改变了严州的人文风气。

在历史上，人们对于严子陵的争议颇大。他是归隐
还是入仕，他的作用和影响，几千年来，聚讼纷纭，迄
无定论，甚至严重对立。尊之者将他捧上天，认为其贡
献在云台二十八将之上，甚至超过汉光武刘秀的帝业：
"世祖升遐夫子死，原陵不及钓台高。"[1]贬之者则说他
违抗君命，不服从领导安排，没有为国家做出丝毫贡献，
朱元璋就持这样的观点："朕观当时之罪人，罪人大者
莫过严光、周党之徒。不正忘恩，终无补报，可不恨欤！"[2]
将之视为天下之罪人，简直该杀！要是当年的刘秀换成
他，早就用一根铁索把严子陵捆来了！

推崇严子陵的多为有思想而命运又比较坎坷的读书
人，或者是仕途不顺之人，他们从严子陵的事迹中汲取
傲视王侯的精神力量，为坚守道义寻求思想上的支撑。
严子陵之所以受到历代知识分子的尊敬，是因为他和他
的祖上同时也是他的精神偶像庄子一样，坚持"独立之
精神，自由之思想"，保持了一个知识分子的尊严。

[1]〔唐〕罗隐:《严陵滩》。
[2]〔明〕朱元璋:《严光论》。

宋人罗大经就认为严子陵归隐比出仕的作用大得多，对刘秀也有利得多。他在严子陵钓台布满灰尘的墙壁上看到过这样一首诗："生涯千顷水云宽，舒卷乾坤一钓竿。梦里偶然伸只脚，渠知天子是何官。"遂引为知音，十分赞赏。

　　罗大经认为，刘秀本来是个谨慎而忠厚的人，缺乏开拓的胆略和胸襟，是在严子陵的启发和影响下，才走

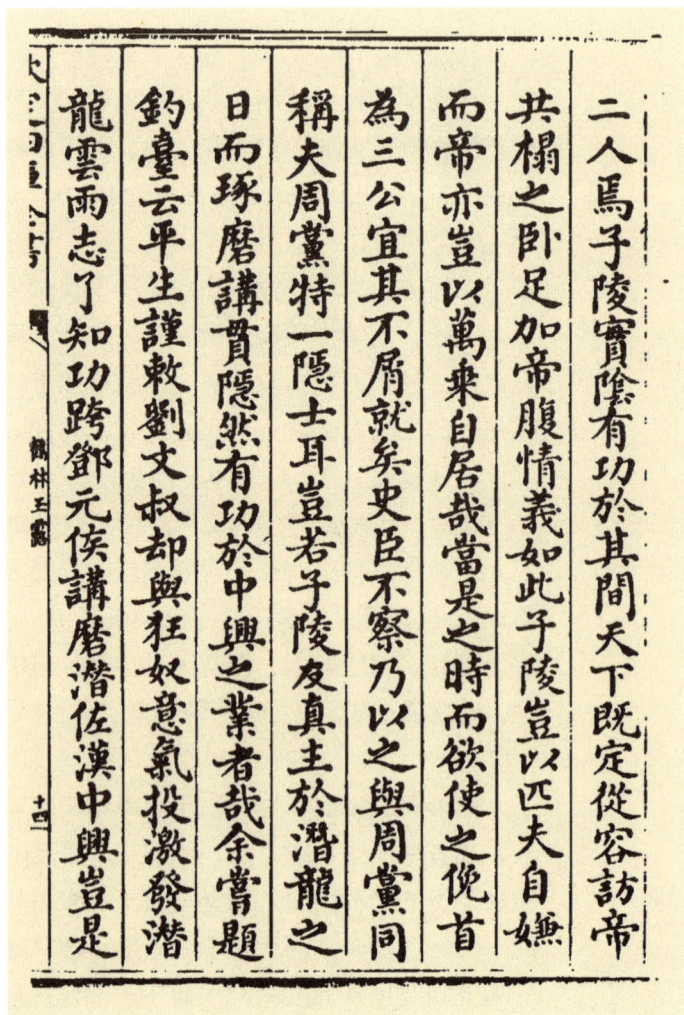

二人馬子陵實隂有功於其間天下既定從容訪帝
共榻之卧足加帝腹情義如此子陵豈以匹夫自嫌
而帝亦豈以萬乘自居哉當是之時而欲使之俛首
為三公宜其不屑就矣史臣不察乃以之與周黨同
稱夫周黨特一隱士耳豈若子陵友真主於潛龍之
日而琢磨講貫隱然有功於中興之業者哉余嘗題
釣臺云平生謹敕劉文叔却與狂奴意氣投激發潛
龍雲雨志了知功跨鄧元侯講磨潛佐漢中興豈是

鶴林玉露

罗大经《鹤林玉露》载严光与刘秀之事

上了称雄的道路。严子陵意气豪迈，人称"狂奴"，是"人中之龙"，可见其豪放之态。两人相识于求学之时，对当时混乱的社会现象十分不满，严子陵竭力鼓动刘秀以王室宗亲的名义高举义旗，号召天下，恢复汉室，成就大业。历史证明了他非凡的战略眼光。没有严子陵的指点，当年胆小的刘秀是不可能成为雄姿英发的一代英主的。

龙可以上天落地，入海腾云，变化多端；神龙见首不见尾，可以根据需要时隐时现。在世人眼中，严子陵从开头就是一个不食人间烟火的隐士形象，其实不然。他和他的老丈人梅福一样，也是一个关心政治的人，年轻时颇有图王之志。

严子陵的岳父梅福（前57—33），是历史上著名的人物，生平收入《汉书》。梅福少年时求学长安，专攻《尚书》和《穀梁传》。曾任郡文学和南昌尉，因为上书揭露外戚王氏擅权，得罪了大将军王凤，不得不隐姓埋名，离家避祸。曾经在吴地做看守城门的兵卒，后来流落到浙东四明山，在今梁弄东明山隐居。

据余姚《姚江下河严氏支谱》记载，严子陵生于汉元帝永光五年（前39）八月十二日，光武帝建武十七年（41）逝世，符合《后汉书》中"年八十，终于家"的记载。父亲严士恂担任河南新野县令，严子陵跟随父亲在新野生活过很长一段时间，在这里认识了比他小30多岁的刘秀，两人结为忘年交，成为无话不谈的好朋友。两人结伴前往汝南（郡治在今河南上蔡），拜大学者郑敬为师，学习儒家经典《尚书》，这一年，严子陵已经47岁，刘秀14岁。孺子婴初始元年（8），王莽篡位，建立新朝，严士恂不愿在新朝为官，就打道回府，回老家隐居去了。

严子陵认准刘秀"帝胄之英"身份的重要价值，认定他是发展前景很大的"潜力股"，他极力鼓动并且协助刘秀夺回刘家的江山，"吹火德于既灰"。严子陵不仅为刘秀出谋划策，鼓励他兴兵讨伐王莽，以皇室后裔的名义号召天下，并且向他推荐了邓禹、马援这样的将才，协助刘秀扫平群雄，兴复汉室，为刘秀登基做出了很大的贡献。可以说，严子陵的前半生是入世有为的。

等到天下大定，新王朝建立，严子陵以老朋友的身份去见已经做了皇帝的刘秀，他并没有因为自己是个平头百姓而自卑，刘秀也没有以万乘之尊的身份而看不起他，这样与皇帝平起平坐的待遇早已经超过三公的地位了。他谢绝了皇帝朋友的几次邀请，披上羊皮袄到富春江钓鱼去了。他这是在效仿西汉初年首席谋士张良的做法，天下大定，辞去官职，跟随赤松子学"辟谷之术"，追求长生。其实辟谷和钓鱼都是托词，只是找一个大家都能接受的借口而已。张良和严子陵都深知，人性是恶的，人是会变的，只能共患难，不能同安乐，与其到头来搞得大家都不愉快，还不如尽早见好就收，好聚好散的好。

罗大经认为，将严子陵等同于周党、王霸这样普通的隐士，是对严子陵的严重误解，极大地低估了严子陵在东汉开国和建国中所发挥的作用。从某种意义上说，在野的严子陵比在朝的严子陵发挥的作用更大。允许一个抗命的读书人在野自由活动，不以帝王的权势压人，显示了刘秀博大的气度与胸怀，在天下人面前树起了良好的形象。作为一个雄才大略的政治家，刘秀对严子陵的种种宽容大度、谦卑礼敬，有着强烈的示范作用和样板意义。还是范仲淹说得好："盖先生之心，出乎日月之上；光武之量，包乎天地之外。微先生，不能成光武之大；微光武，岂能遂先生之高哉！"

严子陵之所以出现在汉代，严子陵的现象之所以很难复制，和汉代特定的社会环境有关。

汉朝开国，鉴于秦朝暴政、两世而亡的教训，统治者以黄老的"无为"思想治国，轻徭薄赋，与民休息，很快恢复了国力。虽然后来汉武帝采纳了董仲舒的意见，推行"独尊儒术"的国策，但是，黄老思想的影响一直延续下来。刘秀对知识分子十分宽容并且尊重，做了皇帝以后，四处寻访隐居在民间的"岩穴之士"，谦词厚币，礼请出山，这在当时是天下皆知的事情。和严子陵一起征召而不赴的高士还有周党、王霸等人，他们都是当年拒绝与新朝王莽合作的知识分子。

"举逸民，天下归心"，刘秀用礼遇气节之士的做法，向世人表白自己尊重知识、尊重人才的国策，争取到天下读书人（包括在朝为官的士大夫和在野的隐士）的认可和支持，从而取得了天下大治的良好局面，这是那些就事论事的浅薄之徒绝对看不到也看不懂的。

附录：

余三十年前于钓台壁间尘埃漫漶中得一诗云："生涯千顷水云宽，舒卷乾坤一钓竿。梦里偶然伸只脚，渠知天子是何官。"不知何人作也，句意颇佳。近时戴式之诗云："万事无心一钓竿，三公不换此江山。当初误识刘文叔，惹起虚名满世间。"句意甚爽，意实未然。

今考史籍，光武，儒者也，素号谨厚，观诸母之言可见矣。

子陵意气豪迈，实人中龙，故有"狂奴"之称。方其相友于隐约之中，伤王室之凌夷，叹海宇之横溃，知光武为帝胄之英，名义甚正，所以激发其志气，而导之以除凶剪逆，吹火德于既灰者，当必有成谋矣。异时披图兴叹，岸帻迎笑，雄姿英发，视向时谨敕之文叔，如二人焉。子陵实阴有功于其间。

天下既定，从容访帝，共榻之卧，足加帝腹，情义如此，子陵岂以匹夫自嫌，而帝亦岂以万乘自居哉！当是之时，而欲使之俯首为三公，宜其不屑就矣。史臣不察，乃以之与周党同称。夫周党特一隐士耳，岂若子陵友真主于潜龙之日，而琢磨讲贯，隐然有功于中兴之业者哉！

余尝题钓台云："平生谨敕刘文叔，却与狂奴意气投。激发潜龙云雨志，了知功跨邓元侯。""讲磨潜佐汉中兴，岂是空标处士名。堪叹史臣无卓识，却将周党与同称。"

——〔宋〕罗大经：《鹤林玉露·乙编》卷四《钓台诗》

一千多年前的拥军模范

1400 多年前，南朝萧梁爆发的侯景之乱祸及江南，整个国家都陷入动荡之中，百姓深受其害。国都被围，朝廷要召集天下兵马勤王，还要维持地方安宁，因此，军队来往成了日常生活中常见的景象。

一个大热天，建德城南走过来一队平叛的军士，军士们走了很长的路，一个个口干舌燥，衣衫不整，很多人还光着双脚，脚板都磨出了血泡。这是一支疲惫的队伍，时间久了，军士们都躁动起来。

这时来了一个老婆婆和一个年轻的樵夫，老婆婆手里拿着一个陶瓶和一只粗碗，樵夫挑着一担草鞋。老婆婆倒水给大家喝，樵夫给大家分草鞋。奇怪的是，水瓶里的水老是倒不完，樵夫的草鞋也分不完。军士们喝足了水，穿上了草鞋，一个个精神抖擞，取得了战斗的胜利。

正在大家要感谢这两个人的时候，却发现他们不见了。军士们将这个情况报告给带兵的将军，将军上报梁皇，梁皇命人调查寻访，得知他们是母子二人，为新定郡（即睦州，唐天宝年间改名新定，十六年后又改回）城南隔江二里夫子陇人氏，是帮人干活的"佣民"，母亲姓陈，儿子叫倪惇，"有游神摄化之术，显保国护境之功"，忽隐忽现，变化无穷，为保护国家和百姓做出了很大的贡献。梁皇下旨褒奖，但是这母子二人却和当时突然出现一样，又突然不见，再也找不到了，于是梁皇下令在当地建庙祭祀，命名为宁顺庙。

这段故事收在南宋初年编纂的《淳熙严州图经》中，原本是对为纪念倪氏母子而建的祠庙的一段介绍，却无意中为后人留下了有关南北朝时期的一段罕见的史料。

《淳熙严州图经》卷二《祠庙》载"宁顺庙"

倪氏为当地土著，世代生活于此，宋代有倪天植、倪天镇、倪直儒、倪直侯四人考取进士。倪直侯和倪直儒还是元丰八年（1085）的同榜进士，兄弟二人双双折桂，时人誉之为"双桂齐芳"，且为他们二人建造了纪念牌坊，名"双桂坊"。现在，牌坊虽然已经拆去，但是双桂坊的地名流传至今，成为一段佳话。

由于年代久远，更因为战乱，南北朝时期的史料留存极少，像这样富有细节、带有温度的史料更是罕见。细读这段文字，我们仿佛看见倪氏母子提着熟水瓶（多半是瓦罐）、挑着草鞋担，不辞辛劳，风尘仆仆地从大老远的村子里赶来慰劳军人的样子。难能可贵的是，倪氏母子二人做了好事之后，既没有索要任何报酬，也没有到处宣扬自己的功绩，而是悄悄地消失在滚滚红尘之中。他们不愧为"与而不求其报"的"建德之国"（《庄子·山木篇》中的君子之国）的淳厚百姓，是真正的施恩而不图报的有德君子，这是倪氏母子最为感人之处。感谢《图经》的作者，为我们勾勒出了这样一幅感人的画面，让人久久难忘！

侯景叛乱前后延续了近五年，时间不算太长，但是给江南带来浩劫，使之在几百年内都没有得到恢复，富庶的江南之地"千里绝烟，人迹罕见，白骨成聚，如丘陇焉"[①]，社会经济遭到了毁灭性的破坏。叛军烧毁了东宫藏书三万卷，象征梁朝文治的士林馆也在战火中化为灰烬，加上梁元帝江陵焚书十四万卷，可以说东晋南渡以来南方士族引以为傲的文书典籍收藏，几乎全部毁灭于侯景之乱及其间接引发的江陵之变的战乱之中，侯景之乱给江南文化带来的破坏难以估量。

侯景之乱虽然沉重打击了腐朽的南方士族，但受害最大的还是底层百姓。侯景"纵兵杀掠，交尸塞路，富

① 《南史·侯景传》。

室豪家，恣意哀剥；子女妻妾，悉入军营。及筑土山，不限贵贱，昼夜不息，乱加殴棰，疲羸者因杀以填山，号哭之声动天地"①。放纵士兵烧杀抢掠，任意敲剥富户，将他们的女人、孩子统统抓进军营；逼着人们昼夜不停地修筑工事，一些人被杀掉填进山中，人们哭声震天。这样的社会堪比人间地狱！侯景之乱丧尽民心，遭到了朝野军民、富户贫民的一致反对和拼死抵抗，倪氏母子的劳军行动出现在这个时候，说明了朝廷的平叛行动深得民心，得到了老百姓由衷的拥护。倪氏母子是靠打工度日的劳动人民，他们不能像当年江东土豪鲁肃那样，将成仓的粮食送给东吴的军队当军粮；也没有东吴大将贺齐称赞的山越之民那样的"高尚气力"，能加入平叛部队去冲杀。他们拿得出的只有夏天解渴的凉水和自己编织的草鞋，都是农家最普通的东西，应该是最低廉的拥军慰问品了吧，这充分说明平叛战争得到了人民群众的广泛支持，是深得民心的。

侯景之乱起于梁武帝太清二年（548），平定于梁元帝承圣元年（552），不是《淳熙严州图经》中说的"梁武帝大同年中"，下距梁朝灭亡只有短短的五年时间。在这短暂而混乱的五年时间里，要完成层层上报、调查核实、下旨建庙的一系列过程，动作不可谓不快，效率不可谓不高，这只能归因于倪氏母子的行为打动了上至帝王、下至军民的不同阶层的人心，这样一件好事才得以快速地传播开来。

侯景之乱又称"太清之难"，是中国历史上有名的叛乱之一。梁武帝太清二年（548）八月，侯景以"清君侧"为名，在寿阳（今安徽寿县）发动叛乱。第二年，攻陷梁都城建康（今江苏南京），梁武帝饿死。侯景自封为相国、汉王、宇宙大将军，相继废立三个傀儡皇帝。大宝二年（551），侯景自立为帝。第二年，在各路勤王

①《南史·侯景传》。

之师的反击下，侯景下海败逃，被部下所杀。五年后，出身寒门的将领陈霸先克尽群雄，建立了陈朝。

倪氏母子虽是平民身份的地方神祇，却得到了历代人们的崇敬和爱戴。历代统治者不断地加以封赠，明朝时已经到了封王、封妃的显赫地位，并且地方上将抗洪、抗旱、平叛的功劳都记在他们的头上。影响最大的当推疏通大浪滩的传说——

> 大郎滩在县东十里，《图经》作"大浪滩"，非也。宋《续志》云："江南宁顺庙显应妃长男倪惇，募乡兵决流，感神兵，不期而集。风雨震作，广决水道，号'大郎滩'。"舟人云："千年河路通，一夜大郎功。"
>
> ——《万历严州府志·山川·建德县》

大郎滩民间称大浪滩，位于睦州州城下游，有苕溪从南面汇入。苕溪水急，常常在江中形成漩涡，下游五里就是进入七里泷的上泷口乌石滩。这里江面开阔，风大浪急，经常出现船翻人亡的惨剧。《万历严州府志》将大浪滩与宁顺庙的倪惇联系起来，称之为"大郎滩"，而且编织出了倪大郎招募乡兵疏浚河道，感动上天，一夜成功的美丽传说，非常感人。

著名的宋代笔记小说《夷坚志》中也记有一则大浪滩的传说。

南宋建都临安（今浙江杭州），大浪滩是钱塘江上游各州县及安徽、福建、江西乃至湖广西南航行前往的必经之路。有一年，四个江西鄱阳的考生到临安赶考，因逆风受阻，滞留在这里好多天，眼看考期将近，再待下去势必要错过考试，耽误前程。无奈之下，一个江西余干的老乡说，听说这里有一座神庙，庙里供奉的大郎神"聪明正直"，十分灵验，何不请大郎神帮帮忙，叫这个对头风停下来，好让大家早日上路。众人都十分赞成，于是带上纸烛香火、各类祭品，到祠庙中祷告了一番。第二天天亮，果然狂风平息，阻隔在此多日的三十多艘客船、货船顺流而下，一路畅通，渡过了这一道难关。

倪惇从一个普通的樵夫，一个平凡的农家田舍郎，蜕变为有治水神功的大郎神。人们称他为威惠王，又将他与大浪的地名联系起来，认为他是大浪滩之神，把他接到大浪滩来，为他建造行祠，让他保佑过往客商和行人。这样的待遇是建立在他为民解困、为国分忧的前提之上的，虽然被涂上一层浓浓的神秘色彩，但是拨开层层迷雾，我们可以看到一个憨厚朴实、乐于助人的年轻农民的形象。

附录：

严州大浪滩，在州北十五里，介于两山之间，深不过八尺，而湍流峻驶，潆洄曲折，稍遭风色，则激为巨浪，由是得名。往来者多苦濡滞。

绍熙四年（1193），鄱阳周贵章赴省试，与乡人罗正臣、李显祖、康师尹相值于常山，买舟同下。逮至彼滩，见它郡贡士船三十余艘，鳞次岸浒，皆阻东风，久者几七八日。更相愁叹，不敢解缆。或强驱童奴，尽力挽纤，才少进，复猛退。有愆郁而束担陆行者。且虑失试期，晓夕陨获。余干董经负胆略，出语众曰："闻坡上一庙，乃威惠王行祠，盍往致祷。脱蒙垂祐，便可去矣。"皆合词曰："然。"时已昏暮，即笼炬造谒，焚香列拜，董拱而启曰："神王聪明正直，受国爵封，又享血食于此。今朝廷三年大比，网罗贤俊，公卿将相，悉由此途。礼闱较艺，程限迫促。顾留泊此地，欲往不能。愿一施威灵，诃禁山川，使滩上诸舟，前进无壅。岂惟寒士蒙赖，亦所以报国也。"祷罢，焚献纸钱，稽首径出。到夜狂风尚厉，渐以帖息。天将旦，波平如席，三十艘顺流相衔，略无碍滞。始悔乞灵之不早云。

——〔宋〕洪迈：《夷坚志》支癸卷《大浪滩神祠》

惩恶扬善的乌龙神

　　一方的大山被称为镇山，镇，有稳重、安定、长久之义，寄托着人们祈求国泰民安的意愿。乌龙山位于严州城北，高踞三江口，威严屹立，毫无悬念地被尊为严州的镇山，成为严州人的精神支柱。

　　在古代，名山大川大都被人（神）格化了，乌龙山也有自己的神祇，就是被尊为乌龙神的邵仁详。明代学者朱国祯在《涌幢小品》一书中记有一则关于严州乌龙山神的传说。

　　邵仁详（《涌幢小品》称之为邵仁安）是睦州清溪（今浙江淳安）人，和弟弟邵仁应一起隐居在蟠山，研究老子的《道德经》，死后被当地人供奉为神。有一个姓何的巫汉在这一带迷惑众人，邵仁详十分讨厌他，于是挑了两块一万斤重的石头，上了乌龙山。把挑石头的木头插在地上，木头很快就成活了，长出枝叶来，人们称之为"虬锡"，何巫汉见了，吓得不轻，赶紧跑了。人们在这里建了庙宇祭祀邵仁详。庙前有一口水池，大旱之年，人们都要到这里来求雨。只要在庙里虔诚祈祷，池水就会翻腾起来，涌上山顶，大雨随之而至，十分灵验。

上文的"清溪"应为"青溪"，即现在的浙江省淳安县。蟠山则是乌龙山的别称。蟠，盘曲环绕的意思，有蟠龙、蟠虬、蟠蛇、蟠木等词汇，这里以蟠龙之姿指代乌龙山。据宋代的《淳熙严州图经》记载，方腊起义以后，朝廷下令将天下带有"龙"字的地名全部改掉，乌龙山因此被改名仁安山，因为这个缘故，乌龙神邵仁详也被称作"邵仁安"。

上文介绍的是邵仁详和妖言惑众的巫汉何氏做斗争的故事。

传说邵仁详肩挑两万斤巨石上乌龙山，后人在他放置巨石的地方建了祠庙祭奠他。庙名雷公庵，庵前有池名圣水池，旧时天旱求雨都要到这里来。

这里还有一段乌龙神拯救迷途儿童的传说。乌龙山下的一个村子里，走丢了一个小孩，找了三天都没有找到，大人们都快要急疯了。原来是小孩贪玩迷了路，找不到

乌龙山

家了。正在着急的时候，小孩忽然碰到了一个慈祥的老人，说可以带他回家，但必须闭上双眼。孩子听话地闭上眼睛，拉着老人的手，只听得耳边呼啸而过的风声雨声，好像是在空中飞行。过了一会儿，老人说："孩子，我们到家了，可以张开眼睛了！"孩子张开眼睛一看，已经到家门口的弄堂里了。

关于邵仁详事迹的最早记载见于现存最早的严州地方志《淳熙严州图经》一书。

邵氏为淳安世族，原非等闲人家。第一代始祖邵坦是东晋时的始新（今淳安）县令，宋元嘉二年（425）死于任上，邵氏后裔从此定居于此，成为淳安人。邵仁详隐居乌龙山，诵《道德经》，可知他是一个服膺道家学派的人。追求自由是道家思想的精髓，"性倨傲，不拘小节"正是道家之人的做派。但是服膺道家思想并不说明他就不食人间烟火，相反，与何巫斗法、斗勇，求见县令等行为，恰恰说明他是个有抱负、敢作为的读书人，只是时运不济，"独沉草莱兮默不得施"[1]，时代没有为他提供施展才能的平台而已。

贞观年间，天下初定，社会还没有完全从动荡的隋末农民大起义中恢复过来，一切都还在慢慢地走上正轨。隋朝创立的科举制度恢复不久，录取的名额极少，贞观元年（627）天下取进士仅四名，贞观三年（629）亦即邵仁详死的那年，取士五名，读书人进身之难可以想见。天下有多少有识之士找不到出路！另外还有一个重要的原因，是新兴的李唐王朝和南方士族的矛盾。李唐王朝崛起于黄河流域中原地区，代表的是陇右贵族集团的利益，南方士族与之有很深的矛盾，唐初江南动乱不止，就是这一矛盾的表现。南朝最后一个王朝陈朝的势力遍布江南，就严州地区而言，芦茨的陈叔老相公和一代高僧陈尊宿都是陈朝

[1]〔宋〕陆游：《严州乌龙广济庙碑》。

王室的后裔，在民间有很高的威望，有很大的号召力，人们对之崇拜信仰，是有着复杂的社会心理因素在内的。就在邵仁详死后二十四年，睦州山区爆发了陈硕真起义，陈硕真自称文佳皇帝，这位起义军的领袖恰好也姓陈，极有可能是陈朝王室之后。虽然很快被朝廷镇压下去了，但是当时南方社会矛盾之尖锐可以想见。

　　邵仁详是一个胸怀大志的书生，他生活在社会底层，深知民生疾苦，他去找县官也是为了反映民间的实情，他是为民而死的，故而人民怀念他，神化他，尊他为乌龙山之神，建了乌龙庙来祭奠他。几十丈长的大白蛇其实只是雷雨天气（"雷电晦冥"）的闪电而已，这个县令应该是触电而死，但因为他昧着良心将邵仁详活活打死，做了亏心事，人们认为他是被上天吓死的。

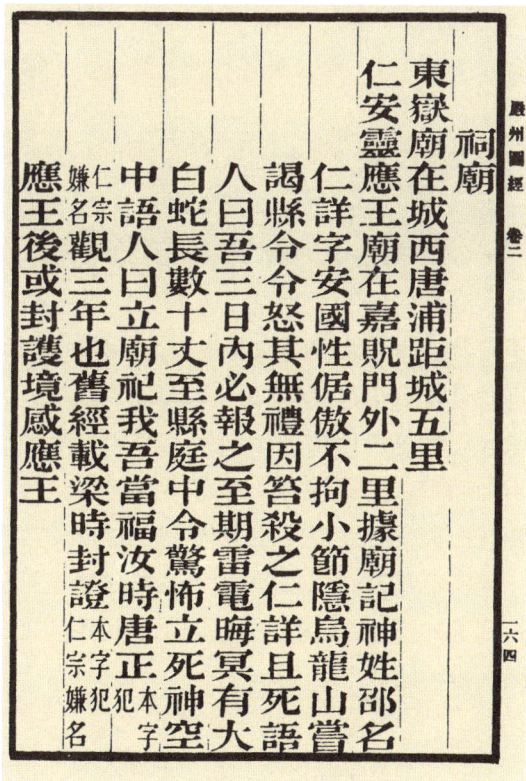

《淳熙严州图经》卷二《祠庙》载"仁安灵应王庙"

山川崇拜是自然神崇拜的一种。巨大的山岳高入云端，被视为沟通人间和天界的通道，充满神秘的色彩。人们从林立的众山中筛选出当地最为高大的山头作为代表，称作"镇山"，进行祭祀，严州的镇山就是乌龙山。邵仁详死后不久就被尊为乌龙山神，被赋予了山神的品格，他的神通也被无限制地夸大。五代初年就得到了朝廷的敕封，尊为贞应王，到南宋时，封号已经长达八个字，称为"忠显灵应广泽孚惠"工。庙号"广济"，但是民间都称为乌龙庙。担任过严州知州的大诗人陆游写过多篇关于乌龙庙的诗文作品。庆元五年（1199），严州人重修乌龙庙，特请已经退休居家的老领导陆游写一篇碑记，陆游欣然命笔。在这篇碑记中，陆游记下了一则乌龙神的传说——

> 绍兴辛巳（三十一年，1161），东海之师，群胡见巨人皆长丈余，戈戟麾旄，出没烟云间，则相告曰："乌龙神兵至矣！"或降或遁去，无敢枝梧者。[1]

宋高宗绍兴三十一年（1161），金兵大举犯宋，有一路经海上往临安，李宝率水军从海道北上，在密州胶西（今山东胶州）陈家岛，歼灭金水军，烧船数百艘，金人海道南侵的计划宣告失败，但是人们却将功劳记到了乌龙神的头上了。从此，每当改朝换代或者有大的战争，乌龙神都会扮演"神兵"（或曰"阴兵"）的角色。如朱元璋和陈友谅鄱阳湖大战，李文忠大破张士诚，甚至明亡后阻止清兵掠城，都有乌龙神的功劳。影响最大的要数古典文学名著《水浒传》中的一段描写，说的是宋江奉旨平方腊，在睦州城北万松林中着了郑魔君的魔法，为乌龙神所救。后来，宋江与军师吴用前来寻找乌龙神，两人步入松林——

> 未及半箭之地，松树林中，早见一所庙宇，金书

[1]〔宋〕陆游：《严州乌龙广济庙碑》。

牌额上写"乌龙神庙"。宋江、吴用入庙上殿看时，吃了一惊，殿上塑的龙君圣像，正和梦中见者无异……本处人民祈风得风，祈雨得雨，以此建立庙宇，四时享祭……直至如今，严州北门外，有乌龙大王庙，亦名万松林，古迹尚存。①

严州民间都称乌龙神为"乌龙老爷"，关于乌龙老爷的传说极多，后来还衍生出乌龙三太子的故事，说的是乌龙三太子协助台湾军民打败红毛鬼子的传说。抗日战争中，日寇占领梅城，在北高峰上建炮台。有一天大雷雨，雷电劈死了两个鬼子兵，两个月后，日军撤走。严州父老就说是乌龙老爷显灵，赶走了日本佬。这些传说无不体现着人心的向背，透过迷信的色彩，不难看出当时的社会心态。

附录：

邵仁安，睦之清溪人。贞观初，与弟仁应俱隐蟠山，诵《道德经》，深得其奥。没而为神。有巫何氏，虚谭祸福惑人，神甚恶之，现形，以一木荷二大石，重各万斤，至山之巅，折所荷之木，植于地，枝叶生焉，巫者惊走。人名其树曰"虬锡"，立庙以祀。庙前有池，岁旱致祷，水涌沸山上，二石云起，有蛇出于池，入庙升屋，雨随大注。

山下一小儿，失已三日，途遇老人呼曰："随我，闭目，勿得开。"从之，闻风雨声甚厉。少顷，抚其背曰："至矣。"开视，果其家曲巷中也。

——〔明〕朱国祯：《涌幢小品》卷十九《荷石》

①《水浒传》第一百十七回《睦州城箭射邓元觉 乌龙岭神助宋公明》。

柳宗元笔下的睦州刺史

永贞革新失败后，柳宗元被贬为永州司马，在这个当时还十分偏僻的州郡度过了十年的宝贵时光。在永州，柳宗元深研哲学、政治、历史，创作了一生四分之三的诗文作品，《永州八记》就是柳宗元山水游记的代表作之一。在永州，柳宗元结识了许多因为触犯权贵而遭贬谪的"刚健之士"，曾经担任过睦州刺史的李幼清和韶州刺史的吴武陵就是其中颇有代表性的两位。

李幼清是因为受李锜谋反案的牵连而贬来永州的。其实李幼清不仅没有参与谋反，反而是谋反案的受害者，却被颠倒黑白地给贬到永州来了。

李锜谋反是中唐时期一桩影响很大的政治事件，不仅载入正史，还被史学家袁枢编入《通鉴纪事本末》一书，单列"宪宗平吴（李锜）"的条目，是该书239个条目之一。

自安史之乱以后，唐朝的国力急剧衰退，各路藩镇纷纷拥兵自重，不听朝廷号令，动辄要挟朝廷，甚至公开反叛，李锜（741—807）是开这个恶例的代表人物。

李锜虽然是唐朝宗室，但是血缘不是很近，因为会

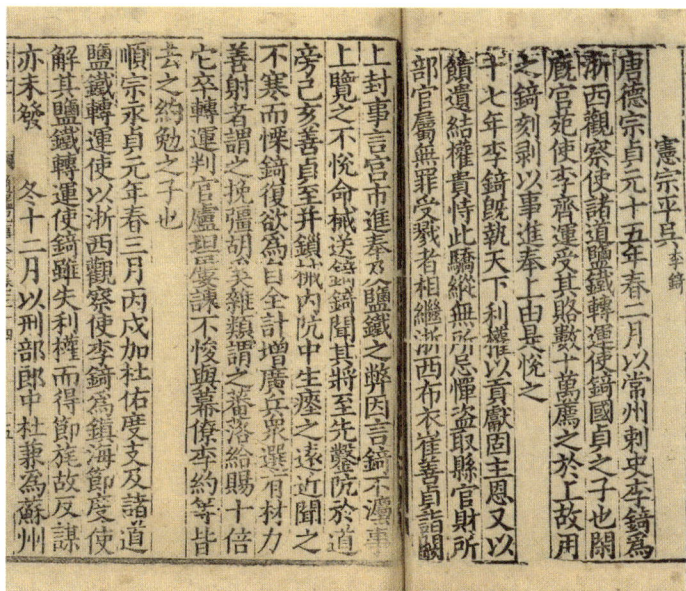

唐德宗貞元十五年春二月以常州刺史李錡為
浙西觀察使諸道鹽鐵轉運使錡國貞之子也闕
廄官迄李齊運受其賂數十萬薦之於上故用
之錡刻剝以事進奉上由其悅之
十七年李錡既兼天下利權以貢獻固主恩又以
饋遺結權貴恃此驕縱無忌憚益取縣官財所
部官屬無罪受戮者相繼浙西布衣崔善貞詣闕

憲宗平吳 李錡

上封事言宮市進奉及鹽鐵之弊因言錡不遵事
上覽之不悅命械送錡錡聞其將至先鑿院於道
旁己亥而善貞至并鎖械內院中生瘞之遠近聞之
不寒而慄錡復欲為自全計增廣兵眾選有材力
善射者謂之挽彊胡人雜類謂之蕃落給賜十倍
亡卒轉運判官盧坦諫不悛與幕僚李約等
去之約勉之子也

順宗永貞元年春三月丙戌加杜佑度支及諸道
鹽鐵轉運使以浙西觀察使李錡為鎮海節度使
解其鹽鐵轉運使錡雖失利權而得節旄故反謀
亦未錡 冬十二月以刑部郎中杜兼為蘇州

《通鉴纪事本末》

拉关系，走后门，巴结权贵，先后当上了湖州刺史和杭州刺史。他送了许多财物给德宗宠臣李齐运，李齐运不断地在德宗耳旁为他说好话，居然让他当上了浙西观察使，并且兼任盐铁转运使。盐铁转运使是一个肥缺。当时盐铁由国家专卖，盐铁之利要占到全国财政收入的一半。权力的膨胀，刺激了李锜的野心。他一面变本加厉地盘剥，不断地给权贵们行贿，巩固自己的地位；一面私自招兵买马，扩充武装，组建了两支贴身卫队。一支是由善射者组成的"挽硬随身"军，相当于随身手枪队；一支由彪悍的胡人组成，个个身手不凡，称"蕃落健儿"，相当于贴身护卫。这两支队伍的将士都称李锜为义父，军饷比普通士兵高出十多倍，他们在地方上横行霸道，为所欲为，甚至杀害朝廷命官。这一切并没有引起昏庸的德宗皇帝的警觉。宪宗时，任命李锜为左仆射（左丞相）。可是李锜不愿意离开自己的老窝，就加快了叛乱的步伐，他派出五路人马控制浙西观察使下辖的苏、常、湖、杭、睦五个州的刺史，不听话的就加以杀害。

睦州刺史李幼清为人正派，一身正气，是个很犟的主，他早就察觉到了李锜谋反的迹象，并且向朝廷报告过，无奈昏庸的德宗皇帝根本听不进去。

李锜知道李幼清不会轻易就范，就恶人先告状，诬陷李幼清。朝廷派了御史来调查、审理。这时睦州州衙内已经被李锜派来的爪牙所把控，连御史带来的侍卫也不能插手，可以说是一手遮天，猖狂之极！在这样的情势下，御史的安全都得不到保证，他的调查结果可想而知。尽管不久李锜就发动了叛乱，但朝廷还是维持原先的结论，将李幼清贬往南海。李幼清含冤上路，还没有走出睦州地界，就遭遇了李锜派来截杀的强人，李幼清且战且走，好不容易冲出了一百多人的包围圈，才得以平安抵达贬所。

李锜的叛乱平定后，舆论都认为应该为李幼清平反，官复原职，但等来的结果却是被安排到湖南永州任职。李幼清也没有上书为自己辩白，倒是同僚吴武陵为之抱不平，将他的遭遇写成诗歌，以发泄心中的不平之气。恰好这时大文学家柳宗元因为永贞革新失败，被贬到永州担任州司马的闲职。同是天涯沦落人，吴武陵的诗篇触发了柳宗元的伤痛之处，于是柳宗元挥笔写下了一篇序文——《同吴武陵赠李睦州诗序》，披露了李幼清奋力自卫最终竟然蒙冤遭屈的经过，无意中为睦州留下了一篇珍贵的历史文献。

吴武陵是信州（今江西上饶）人，举进士，拜翰林，有文才，识大体，有侠义之风，曾经写诗劝阻吴元济叛乱，吴元济不听。裴度讨伐吴元济时，吴武陵几次上书献计，对朝廷的平叛斗争充满信心。后出任韶州刺史，元和三年（808）因得罪权贵流放永州，与柳宗元相遇，同游山水，相聚达四年之久。曾上书宰相裴度，为柳宗元鸣不平，裴度采纳了他的意见，正准备调柳宗元进京，但是柳宗元这时却突然病逝了，十分遗憾。

吴武陵陪同柳宗元寻访、欣赏小石潭，被柳宗元写入散文名篇《至小丘西小石潭记》中，因此广为人知。柳宗元还几次为吴武陵的诗作序，堪称知音。

向朝廷反映李锜图谋不轨的人很多，其中有个叫崔善贞的最倒霉了。

崔善贞是浙西地区的一介"布衣"（老百姓），看到李锜的种种不法行为，上书朝廷告发，这完全是一种爱国忧国的行为，应该表扬才对，可是昏庸的德宗皇帝居然将他铐上枷锁，交给李锜处理，这不明摆着是要他的命吗？这样昏庸的皇帝历史上真也找不出几个来。李锜命人挖了一个大坑，崔善贞一到，就把他推入坑中活埋了。听说这件事的人无不咬牙切齿，痛骂德宗的昏庸。李锜造反失败，朝廷才为崔善贞平反，赠予同知的官职，在睦州为他建造祠庙，称为崔府君祠。①

宋朝人王谠的《唐语林》一书中收有《李幼清知马》一文，颇能体现李幼清识别良马的眼光和为人的气度。

李幼清喜欢马，也了解马的习性，一有空闲就到马市上去逛逛。一天，他看到有人牵来一匹彪悍的马，笼头用铁锁锁着，好几个壮汉架着马，不断地用鞭子抽打它，悍马不停地反抗，不服驾驭。李幼清观察了老半天，上前询问马的主人，了解情况。主人告诉他，这是一匹劣马，今天打算把它卖了，价钱嘛——你随便给就是。

李幼清给了两万钱，马的主人觉得给的太多了，有些不好意思，但是李幼清坚持要按原价支付。看热闹的

①《万历严州府志·治行志》：崔善贞，浙西布衣。德宗时上书阙下，暴观察使李锜恃恩鸷横天下，权酒漕运，锜得专之。故朝廷用事臣，锜以利交，余皆干没于私，国用日耗。帝械以赐锜，锜豫浚大坎，至则并械捧坎中，闻者切齿。宪宗即位，召锜为左仆射，锜反，下诏削官爵。既败，送京师腰斩于城西南。赠善贞睦州祠。

人都觉得挺奇怪，都想听听李幼清是怎么说的。

李幼清对大家说，评价一匹马，主要是看它的气色和体骨。这匹马气色骏异，体骨非凡，绝不是一匹平庸的凡马。可惜的是主人不识，将它和平常的驽马混杂在一起，环境脏乱差，吃的伙食又不好，压抑了它的天性，使它变得十分狂躁，人们就更加以为这是一匹驽马了。

下午，看热闹的人群渐渐散去，李幼清给这匹马配了一副新的笼头，牵着它慢慢地走回去。他低声对马说：你是一匹宝马，只是没有被人们认识而已。我把你洗刷清爽，为你换一个新的环境，今后让你好好过日子。马俯首贴耳地听着，好像能够听懂新主人的话。

经过李幼清的精心照料，这匹马几天后就开始变样了，过了一个月，性情已经大变，就像一个懂礼貌的谦谦君子，嘶鸣有如龙吟，气色犹如英俊的凤凰，成为"天下之骏乘"了。

这篇文章表面上看起来是在写马，实则是写人，是以马喻人，写李幼清怀才不遇的坎坷命运，颇有柳文沉郁迂回的风格。一匹"气色骏异"的千里马在不识马的愚人手里被糟蹋成什么样子！而在识马者的手里，经过一个月的调理，完全变了个样子。"千里马常有而伯乐不常有"，是那个时代常见的现象。

从李幼清能"战且走"，并且冲出一百多人的包围圈来看，这位李睦州的身手十分了得，大有唐人传奇中虬髯客、昆仑奴的功夫，令人遐想。李幼清还会气功，能服气炼丹，柳宗元对此大不以为然，写了一篇《与李睦州论服气书》，极力阐释服气之虚无。气功之说十分古老，至今难有定论，无法加以评论，但是李幼清的武功却是明摆着的，不得不令人信服。

附录：

润之盗锜，窃货财，聚徒党，为反谋十年。今天子即位三年，大立制度，于是盗恐且奋，将遂其不善。视部中良守不为己用者，诬陷去之。睦州由是得罪。天子使御史按问，馆于睦，自门及堂皆其私卒为卫，天子之卫不得摇（插）手，辞卒致具有间，盗遂作而廷臣犹用其文，斥睦州南海上。

既上道，盗以徒百人遮于楚越之郊，战且走，乃得完，为左官吏。无几，盗就禽，斩之于社垣之外。论者谓宜还睦州，以明其诬。既更大赦，始移永州，去长安尚四千里。睦州未尝自言。吴武陵，刚健士也，怀不能忍。于是踊跃其诚，铿锵其声，出而为之诗，然后慊于内。余固知睦州之道也熟，衔匿而未发，且久闻吴之先焉（言）者，激于心，若钟鼓之考，不知声之发也。遂系之而重以序。

——〔唐〕柳宗元：《同吴武陵赠李睦州诗序》

兴元中，有知马者曰李幼清，暇日常取适于马肆。有致悍马于肆者，结锁交络其头，二力士以木未支其颐，三四辈执挝而从之，马气色如将噬，有不可驭之状。幼清逼而察之，讯于主者。且曰："马之恶，无不具也，将货焉，唯其所酬耳。"李幼清以二万易之，马主尚惭其多。既而聚观者数百辈，讶幼清之决也。

幼清曰："此马气色骏异，体骨德度，非凡马，是必主者不知马，俾杂驽辈，槽栈陷败狼籍，刷涤不时，刍秣不适，蹄啮蹂奋，塞破唐突，志性郁塞，终不可久，无所顾赖，发而为狂躁，则无不为也。"

　既哺，观者少间，乃别市一新络头，幼清自持，徐徐而前。语之曰："尔材性不为人知，吾为汝易是锁结杂秽之物。"马弭耳引首，幼清自负其知，乃汤沐剪饰，别其皂栈，异其刍秣。数日而神气一小变，逾月而大变。志性如君子，步骤如俊乂，嘶如龙，顾如凤，乃天下之骏乘也。

——〔唐〕王谠：《唐语林》

天下第十九泉

　　严子陵钓台的山脚下，建有一座石亭，亭中聚一汪泉水，亭后的石崖上刻着"天下第十九泉"六个大字。"第十九泉"是茶圣陆羽对天下名水的排名顺序，钓台下的山泉水排名第十九——虽然名次不是太靠前，但也是榜上有名的了。

　　严州向来以锦峰绣岭、山高水长闻名于世，新安江水之清举世皆知，早在南北朝时期就有大诗人为之讴歌，称颂"新安江水至清，浅深见底"[①]，有"洞彻随清浅，皎镜无冬春。千仞写乔树，百丈见游鳞"的诗句。唐代

① 〔南朝梁〕沈约：《新安江水至清浅深见底贻京邑游好》。

天下第十九泉

大诗人孟浩然途经严陵濑时也发出了"湖经洞庭阔，江入新安清"的感叹；另一位大诗人李白面对清澈的新安江水，发出了"借问新安江，见底何如此"的疑问。

茶是灵魂之饮，水是生命之源。茶与水密不可分：无水怎可论茶，无茶又何谈"茶水"？明人张源说："茶者水之神，水者茶之体。非真水莫显其神，非精茶曷窥其体。"[1]知茶者莫不精于鉴水，都十分重视水的品质。好茶必须有好水相配，才能显其内在的品质。明人张大复说："茶性必发于水。八分之茶，遇十分之水，茶亦十分矣；八分之水，试十分之茶，茶只八分耳。"[2]

古人认为："精茗蕴香，借水而发；无水不可与论茶也。"[3]茶只有通过水这个介体才能发挥其蕴含的芳香和营养，因此古人十分重视对水质的品评和研究。

唐人张又新写过一篇《煎茶水记》，是中国历史上第一篇关于水质鉴别的记录。在文章里他分别列出了两份天下名水的清单。第一份是他的前辈刘伯刍排的，共七处，由高至低为：扬子江南零水，无锡惠山寺石泉水，苏州虎丘寺石泉水，丹阳观音寺水，扬州大明寺水，吴松江水，淮水。

第二份是陆羽排的，共有二十处，不但地址不一，排名也不相同（如刘伯刍排在第一的扬子江南零水，陆羽却排在第七位），排名由高至低为：庐山康王谷水帘水，无锡县惠山寺石泉水，蕲州兰溪石下水，峡州扇子山下石泄水（俗云虾蟆口水），苏州虎丘寺石泉水，庐山招贤寺下方桥潭水，扬子江南零水，洪州西山西东瀑布泉，唐州柏岩县淮水源，庐州龙池山岭水，丹阳县观音寺水，扬州大明寺水，汉江金州上游中零水，归州玉虚洞下香溪水，商州武关西洛水，吴松江水，天台山西南峰千丈

①〔明〕张源:《茶录》。
②〔明〕张大复:《梅花草堂笔谈》。庙号高宗。
③〔明〕许次纾:《茶疏》。

瀑布水，郴州圆泉水，桐庐严陵滩水，雪水。

张又新在这里还讲了两个关于茶的故事。

一个是他亲身的经历。

张又新出任永嘉刺史时，官船经过富春江严陵濑，但见江水清澄，水质清凉，即使用变了质的茶水往江中洒泼，也会散发出一股香气来，用来煮茶，更是有说不出的芳香和鲜美，喝过之后，齿舌含香，回味无穷，比排名第一的扬子江南零水不知要高出多少倍！张又新用自己的亲身经历否定了刘伯刍的排名。

富春江

　　另一个是张又新年轻时在荐福寺的一本书里看来的，书名《煮茶记》，讲了一个颇有传奇色彩的故事。

　　湖州刺史李季卿在扬州巧遇茶圣陆羽，李和陆是老朋友，素有交情，两个人来到扬子江边的驿站，正要吃饭，李季卿说："陆处士精于茶道，天下闻名；而扬子江南零水又是天下最好的水。在天下最好的扬子江南零水边遇到天下闻名的茶圣，堪称千载难逢的'二妙'相遇，这样的机会怎么能错过呢？"他抓住陆羽不放，一定要陆羽在扬子驿里陪他煮茶。李季卿挑选了一个忠于职守的驿卒，让他带着贮水的瓶罐，驾一叶小舟，前往扬子江心去取南零之水。陆羽则洗涤、整理煮茶的用具，做好准备。不一会儿，水取到了，陆羽用勺子舀了舀水，皱着眉头说："这水有点问题，好像不是江中心的南零水，倒像是岸边的江水。"取水的驿卒说："我摇着船，深入江心，岸上围观的人上百，我难道敢撒谎吗？"陆羽也不言语，命人将水倒进大盆中，倒到一半的时候，他挥手命令停下，又用勺子舀了舀，对大家说："从这里开始才是真正的南零水了。"取水的驿卒听到这话，吓坏了，连忙双膝跪下，说出实情："我从南零取完水，回到岸边，当时风浪很大，船只摇晃得好厉害，水晃掉许多，我担心不够，就随手在岸边补了几瓢回去。处士对于水的鉴别能力真是神了，我再也不敢隐瞒了。"李季卿和驿站中的众多宾客都十分惊奇，一个个称赞不已。于是李顺势问陆："处士精于鉴水，那你对于品尝过的水应该都有一个恰当的评价吧？"陆羽随口答道："天下之水，以楚地（今湖北一带）之水为第一，晋地（今山西一带）之水为最下。"李季卿命人取来笔墨纸砚，由陆羽口授，他亲自记载下来，这就是天下二十等水的由来。

　　对这二十种水的评价，张又新深信不疑，因为他把这二十种水都一一品尝过了，最后认为水必须与茶同出一处才为最佳，水离开了产茶之处，其功效将减半，这是很有道理的。

张又新所记载的这二十等水，并不一定符合现代科学的标准，而且早在宋朝的时候，大文豪欧阳修就已经指出其中的矛盾之处。欧阳修认为，张又新记录的这两种排名都与陆羽《茶经》中的观点不合：陆羽说瀑布之水不宜茶，但是在二十等水中竟然收入两处瀑布水，陆羽认为山水最上，江水次之，井水最差，这里却将江水排在山水之前，井水排在江水之前。"皆与羽经相反。"[1]

对于这二十种水的品评次第是否出自陆羽之手，前人早有怀疑，但毋庸置疑的是，张又新开创了评水的专门领域，打开了茶学、茶艺的又一扇窗户，加深了人们对茶艺中水的作用的认识，功不可没。"后代茶人，访名茶，还常访名泉，对水的鉴别不断提出新见解，也是受到张又新的启发。"[2]因此，对张又新的贡献也当予以肯定，不能一笔抹杀。

张又新，字孔昭，深州陆泽县（今河北深州市）人，元和九年（814）举进士第一，是古代科举史上少见的连中三元者之一，时人称之为"张三头"。但是此人有文无行，谄事宰相李逢吉，后又附李训，贬任江州刺史。张又新喜欢喝茶，对茶艺很有研究，他所写的《煎茶水记》是继陆羽《茶经》之后又一部重要的茶学著作。在江州刺史任上，他跑遍了庐山大大小小的山峰，尝遍了庐山的各类山水，最后认定庐山康王谷的水帘泉水为天下第一。

唐人孟启在《本事诗》一书中讲过张又新的一段趣事。

杨虞卿是元和五年（810）进士，深得宰相李宗闵器重，历任弘文馆学士、京兆尹等要职，后贬任虔州司马，故人称"杨虔州"。

杨虞卿和张又新同朝为官，名气也差不多，所以是很好的朋友。杨的妻子李氏是宰相之女，长得不漂亮，但是贤惠，杨虞卿十分敬重她。张又新状元及第后，少年得志，十分自负，扬言说，他少年出名，仕途是不用担心的了，只要能够讨得一个漂亮的老婆回来，就心满意足了。杨虞卿听了，对他说："你只要和我保持同样的标准，我包你满意。"张又新十分信任他，想也没有想就答应了。于是杨虞卿当起了媒公公，给张又新介绍了一个和他的夫人一样"有德无容"的女子。待到洞房花烛夜，张又新掀开红盖头一看，心凉了半截：这哪里是什么"美室"，简直就是个母夜叉！但是已经娶进门的新媳妇又不能"退货"，只好自认倒霉。上朝的时候碰到了这位杨大人，张又新一脸的不高兴，不愿意搭理他。杨虞卿倒毫不在乎，用朝笏捅了捅他，对他说："你这个人太傻！"一连讲了几遍，张又新终于熬不住，责备他说："我把你当作好朋友，托你帮我找一个好老婆，你倒好，给我找来这么一个丑八怪。有你这样坑人的吗？你反倒说我傻了？"杨虞卿将自己寻求仕宦的经过说了一遍，问他："你我走过的经历是不是差不多呀？"张又新听了表示同意。杨虞卿又问他："可是你知道不知道我也娶了一个丑媳妇在家里呀？"张又新问道："比我这个怎么样？"杨虞卿说："比你的夫人还要不如！"张又新听了，大笑。于是两个人又和好如初。后来，张又新写了一首《牡丹诗》，纪念此事——

牡丹一朵直千金，将谓从来色最深。
今日满栏开似雪，一生辜负看花心。

时光推进到 20 世纪，新安江水再一次震撼了全国。

1960年，新安江上建起了新中国第一座大型水力发电站，清澈的江水为社会主义建设贡献出了清洁的能源，密如森林的高压电线塔将电流送往祖国的四面八方。

进入21世纪后，中国的工业化进程大大加快，环境形势日益严峻，一杯净水是日常生活的必需，于是，农夫山泉应运而生，清澈的新安江水被灌装成大罐小瓶，源源不断地送往各方，天下第十九泉走进了千家万户。

煮一壶农夫山泉水，泡一杯严州苞茶，已经成为时下休闲生活的标配，让我们为此而自豪吧！

附录：

斯七水，余尝俱瓶于舟中，亲挹而比之，诚如其说也。客有熟于两浙者，言搜访未尽，余尝志之。及刺永嘉，过桐庐江，至严子濑，溪色至清，水味甚冷，家人辈用陈黑坏茶泼之，皆至芳香。又以煎佳茶，不可名其鲜馥也，又愈于扬子南零殊远。及至永嘉，取仙岩瀑布用之，亦不下南零，以是知客之说诚哉信矣。夫显理鉴物，今之人信不迫于古人，盖亦有古人所未知，而今人能知之者。

——〔唐〕张又新：《煎茶水记》

元和九年（814）春，予初成名，与同年生期于荐福寺。余与李德垂先至，憩西厢玄鉴室，会适有楚僧至，置囊，有数编书。余偶抽一通览焉，文细密，皆杂记。卷末又一题云《煮茶记》，云代宗朝李季卿刺湖州，至维扬，逢陆处士鸿渐。

李素熟陆名，有倾盖之欢，因之赴郡。泊扬子驿，将食，李曰："陆君善于茶，盖天下闻名矣。况扬子南零水又殊绝。今者二妙千载一遇，何旷之乎！"命军士谨信者，挈瓶操舟，深诣南零，陆利器以俟之。俄水至，陆以勺扬其水曰："江则江矣，非南零者，似临岸之水。"使曰："某擢舟深入，见者累百，敢虚绐乎？"陆不言，既而倾诸盆，至半，陆遽止之，又以勺扬之曰："自此南零者矣。"使蹶然大骇，驰下（服罪）曰："某自南零赍至岸，舟荡覆半，惧其尠（少），挹岸水增之。处士之鉴，神鉴也，其敢隐焉！"李与宾从数十人皆大骇愕。李因问陆："既如是，所经历处之水，优劣精可判矣。"陆曰："楚水第一，晋水最下。"李因命笔，口授而次第之。

——〔唐〕张又新：《煎茶水记》

此二十水，余尝试之，非系茶之精粗，过此不之知也。夫茶烹于所产处，无不佳也，盖水土之宜。离其处，水功其半，然善烹洁器，全其功也。李置诸笥焉，遇有言茶者，即示之。又新刺九江，有客李滂、门生刘鲁封，言尝见说茶，余醒然思往岁僧室获是书，因尽箧，书在焉。古人云："泻水置瓶中，焉能辨淄渑。"此言不必（必不）可判也，万古以为信然，盖不疑矣。岂知天下之理，未可言至。古人研精，固有未尽，强学君子，孜孜不懈，岂止思齐而已哉。此言亦有裨于劝勉，故记之。

——〔唐〕张又新：《煎茶水记》

张（又新）与杨虞州齐名友善，杨妻李氏，即郇相之女，有德无容，杨未尝意，敬待特甚。张尝语杨曰："我少年成美名，不忧仕矣。唯得美室，平生之望斯足。"杨曰："必求是，但与我同好，必谐君心。"张深信之。既婚，殊不惬心，杨以笏触之曰："君何大痴！"言之数四，张不胜其忿，回应之曰："与君无间，以情告君，君误我如是，何谓痴？"杨历数求名从宦之由曰："岂不与君皆同邪？"曰："然。""然则我得丑妇，君讵不闻我邪？"张色解，问："君室何如？"

曰：“特甚。”张大笑，遂如初。张既成家，乃诗曰：“牡丹一朵直千金，将谓从来色最深。今日满栏开似雪，一生辜负看花心。”

——〔唐〕孟启：《本事诗》

一字千金的皇甫湜

文人的稿费古代称之为"润笔"，源于《隋书》中记载的一个掌故。

隋朝的开国元勋郑译因为贪钱被贬，后来隋文帝想念这位老伙计，就让内史令李德林起草诏书，召回郑译。内史令地位虽然很高，但属于清要衙门，"油水"不大，宰相高颎知道郑译很有钱，想为李德林讨点钱花花，就对郑译说："内史令的笔干了，写不了诏书，你得弄点水滋润一下。"郑译一听就明白了，回答说："我贬官在外，穷得很，这次回朝都是拄着拐杖走路来的，哪有'水'给你润笔呀！"隋文帝在旁听了哈哈大笑。

唐代，润笔之风大盛，最出名的当推大文豪韩愈。韩愈专为名公巨卿写碑铭，要价很高，刘禹锡说他"一字之价，辇金如山"[①]，以致有"谀墓"之讥。他奉旨创作的著名的《平淮西碑》，润笔费高达五百匹绢。不过与皇甫湜的近万匹绢的润笔费比起来，只能算是小菜一碟而已。

宪宗元和九年（814），淮西发生了叛乱，朝廷派兵征讨，三年无功，欲罢兵，唯宰相裴度坚持平叛。十二

①〔唐〕杜牧：《韩吏部祭文》。

年（817），另派名将李愬挂帅，裴度亲临前线督战，李愬雪夜袭蔡州，擒获叛贼吴元济，淮西之役取得全面胜利。宪宗命跟随裴度征战的行军司马韩愈作《平淮西碑》，因多记载裴度的功劳，引起李愬的不满，为了笼络武人，宪宗下令磨去韩文，命段文昌重写。这就是一碑两文的故事，此事成为唐代文坛上一桩著名的公案。

裴度于大和八年（834）出任东都留守，因为平定淮西叛乱时战死了不少人，为了超度亡灵，就捐钱修建了一座福先寺。寺院修好以后，要有一篇碑文记其事，当时白居易的文名很大，所以裴度打算请白居易来写。皇甫湜听说后，勃然大怒，说："近舍湜而远取居易，请从此辞！""我皇甫湜近在你眼前，你不请我写，反而要舍近求远去找白居易，这不是瞧不起人嘛，老子不干了！"好在裴度是个大度的人，并没有计较皇甫湜的无礼，反而向他赔礼道歉，说："没有请先生写是小文章不敢有劳大驾，你既然肯写那正是我的愿望呀。"皇甫湜向裴度要了一斗酒，喝了之后，乘醉挥毫，写了一篇三千多字的长文，洋洋洒洒，文不加点。裴度看得一头雾水，看了半天也没有看懂，连句子都断不了，只能怪自己水平低，感叹道："这样的大手笔只有写过《海赋》的木华（玄虚）和写过《江赋》的郭璞（景纯）才能相比呀！"裴度也是当时的文章大家，连裴度都看不懂的文章就甭提有多佶屈聱牙了。

收到文章后，裴度赶紧张罗稿费，第二天就派人送来了价值"千余缗"的"车马缯彩"。一缗为一千钱，千余缗已经有百余万钱，这笔"稿费"是相当丰厚的了。谁知皇甫湜不但没有表示感谢，反而大怒："自吾为顾况集序，未尝许人。今碑字三千，字三缣，何遇我薄耶！"[1]每个字要价三匹绢，"更减五分钱不得"！吓得来送礼的人赶紧跑回去报告，裴度的部下们十分愤怒，"思

①《新唐书》卷一百七十六。

脔其肉",要活剥了他。倒是裴度十分大度,没有计较,笑了笑,说:"不羁之才也!"按皇甫湜的开价全部付了给他。运载钱绢的车辆从裴度的留守府一直排到皇甫湜居住的正郎里,浩浩荡荡地,一辆接着一辆,洛阳城的百姓们纷纷走出家门,观看这一奇景。皇甫湜坦然接受,毫无愧色。

《福先寺碑》全文3254字,每个字3匹绢,共计需9762匹。据当代学者研究和推算,皇甫湜生活的中唐时期的绢价,一匹为800文,一字三匹,值2400文,总价为7809600文。按时下普通大米3元1斤折算,这篇碑文的稿酬高达人民币5857200元,每个字1800元!不得不承认,这差不多是有史以来最高的润笔费了。[①]

皇甫湜(777—835),字持正,睦州新安(今浙江淳安)人。祖籍是安定朝那(今宁夏固原)。曾祖皇甫德参于贞观八年(634)任中牟(今属河南)县丞,因上书直言,触怒太宗,幸亏魏徵为其游说,不但没有受到惩处,反而得到赏赐,并升为监察御史,后来出任睦州刺史,在任九年,终于任上,子孙遂占本州清(青)溪(宋代时改名淳安)籍,成为淳安人。德参生一子敬,敬生锺、镈,皇甫锺即是皇甫湜的父亲。皇甫镈入仕途,宪宗时任户部侍郎同平章事,官做得不小。

皇甫湜出身于官宦世家,书香门第,从小就受到良好的儒家文化教育。青少年时期跟随父辈漫游各地,遍访名师,投梁肃,谒杜佑,后又结交顾况,师从韩愈,谒见江西观察使李巽,作书献文,冀图举荐,未成。贞元十八年(802),参加进士科考试,没有考中,留在长安,多与名士交游,与白居易、李翱、刘敦质等人往来密切。

元和元年(806),皇甫湜考中进士,元和三年(808),

① 当时斗米50文,每斗约12.5斤,780多万可购米1952400斤。

参加由皇帝亲自主持的贤良方正直言极谏科考试，同科考生有牛僧孺、李宗闵等人，后来都成为朝中重臣，可以说是人才济济，堪称唐代的"黄金榜"。皇甫湜和牛僧孺等年轻举子，直陈时政得失，无所避忌，虽然受到主考官的赏识，却得罪了权贵，皇甫湜被排挤出京城，下派到陆浑县（今河南嵩县）担任一个小小的县尉。此案还连累了皇甫湜的舅父王涯，王涯被从翰林学士的位置上拿了下来，贬为虢州司马。第二年，皇甫湜被调回朝中，担任殿中侍御史，元和八年（813），返睦州故里。

元和十二年（817），皇甫湜应山南东道节度使李愬召，担任幕僚，赴襄阳任职，次年罢镇，没了官职，困顿于江陵府公安县一带。元和十四年（819），韩愈因反对迎佛骨，被贬为潮州刺史；同年十一月，柳宗元病逝于柳州任上。师友的坎坷遭遇，使得皇甫湜一度彷徨、苦闷，感到悲哀和愤慨。在韩愈遭贬这件事情上，皇甫湜的叔父皇甫镈起到了恶劣的作用，尤其令他难堪。大概在这年，皇甫湜辞官返回故乡睦州，至分水访同乡施肩吾，泊舟赤洲，遂移居于此。

唐敬宗宝历二年（826），皇甫湜应山南东道节度使李逢吉之召，再至襄阳做幕僚，直至文宗大和二年（828）李逢吉罢镇，才返回洛阳。在洛阳，他常与白居易往来。大和六年（832），奉诏回京任工部郎中。八年（834），因酒后失言，数忤同僚，求分司东都（洛阳）。因官俸微薄，生活窘迫，冬天竟至于"门无辙迹，庖突无烟"，都揭不开锅。东都留守裴度得知后，请他去当了留守府从事。后来，皇甫湜终于桐庐，临终前，遗命归葬青溪祖茔，但子孙后代却定居桐庐，成为桐庐人，皇甫湜也就成为桐庐皇甫氏的始祖。

皇甫湜生于唐代宗大历十二年（777），卒于唐文宗大和九年（835），享年五十九岁，未及下寿。白居易有诗哭曰："多才非福禄，薄命是聪明。不得人间寿，还留身后名。"①为他的命运深深地叹息。

据史料记载，皇甫湜气貌刚质，为文古雅，恃才傲物，性复褊急，往往与同事搞不好关系。裴度在他最困难的时候帮了他，应该说是有恩于他的，但是就因为裴度没有请他写福先寺的碑文，他竟以辞职要挟，真是坦率得可爱。

皇甫湜的褊急是出了名的。

有一次手指头不小心被蜜蜂蜇了一下，又肿又痛，皇甫湜不由大怒，让手下人和乡邻中的小青年四处去找蜂窝，他高价收买，堆在院子里，然后放在砧板上一一斩碎，再放到石臼中捣烂，绞出其中的蜜汁，喝掉，以报复蜜蜂蜇他之痛。

他让儿子皇甫松抄诗，儿子偶尔抄错了一个字，他见了，大声叫骂，要打儿子。因为手边没有打人的棍棒，就用牙咬儿子的手臂，咬得孩子鲜血直流。

皇甫湜就是这样一个性急的人。

皇甫湜是韩、柳文学革新运动的重要人物，他与另一位文学革新健将李翱都是韩愈的追随者，不同的是，李翱发展了韩文平易的一面，皇甫湜则发展了韩文奇崛的一面。在阐述韩愈反对因袭、主张独创的理论时，皇甫湜认为："夫意新则异于常，异于常则怪矣；词高则出于众，出于众则奇矣。"但因为刻意追求新奇而有怪异之讥。有《皇甫持正集》六卷传世，收文三十余篇。

①〔唐〕白居易：
《哭皇甫七郎中湜》。

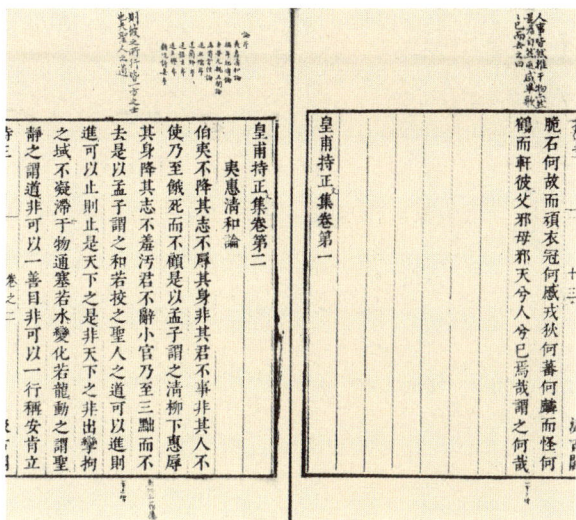

〔唐〕皇甫湜《皇甫持正集》书影

据章孝标《赠工部郎中皇甫公墓碑记》的记载，元和年间，皇甫湜"与张籍、李翱齐名。裴（度）、白（居易）、牛（僧孺）、柳（宗元）诸公，皆文章友也……与诸公倡和，名动朝野，识与不识者皆称'安定先生'……尝谓'韩吏部之文如长江秋注，一道千里，冲飙激浪，滔滔不竭'。可谓深知退之而善学其文者也"。又说："刘梦得序柳子厚文，尝谓'安定皇甫湜文章，少所推许'。亦以退之言为然。可见当时韩、刘诸公待公之厚、知公之深也。"章孝标只比皇甫湜小十四岁，堪称同时代人，又是睦州同乡，他的记载和评价具有很大的权威性。

附录：

唐皇甫湜，气貌刚质，为文古雅，恃才傲物，性复褊直。

为郎时，乘酒使气忤同列者，及醒，不自适，求分务东洛。值伊瀍仍岁歉食，淹滞曹不迁，省奉甚微，困悴且甚。尝因积雪，门无行迹，庖突不烟。裴度时保厘洛宅，以美词厚币，辟为留守府从事。湜简率少礼，度亦优容之。

先是度讨淮西日，恩赐巨万，贮于集贤私第。度信浮图教，念其杀戮者众，恐贻其殃，因舍讨淮叛所得，再修福先佛寺。备极壮丽，就有日矣，将致书于白居易，请为碑。湜在座，忽发怒曰："近舍某而远征白，信获戾于门下矣。某文若方白之作，所谓宝琴瑶瑟而比之桑间濮上也。然何门不可曳长裾？某自此请长揖而退。"宾客无不惊栗。度婉词谢之，且曰："初不敢以仰烦长者，虑为大手笔见拒。今既尔，是所愿也。"湜怒稍解，则请斗酒而归。至家，独饮其半，乘醉挥毫，其文立就。又明日，洁本以献。文思古謇，字复怪僻。度寻绎久之，不能分其句。读毕，叹曰："木玄虚、郭景纯江海之流！"因以宝车名马，缯采器玩，约千余缗，置书，遣小将就第酬之。湜省书大怒，掷书于地，谓小将曰："寄谢侍中，何相待之薄也？某之文，非常流之文也。曾与顾况为集序外，未尝造次许人。今者请为此碑，盖受恩深厚耳。其碑约三千字，一字三匹绢，更减五分钱不得。"小校既恐且怒，归具告之。僚属列校，咸振腕愤悱，思脔其肉。度闻，笑曰："真奇才也。"立遣依数酬之。自居守府正郎里第，辇负相望，洛人聚观，比之雍绛泛舟之役。湜领受之无愧色。

而卞急之性，独异于人。尝为蜂螫手指，因大躁急。命奴仆暨里中小儿辈，箕敛蜂窠，购以善价。俄顷山聚于庭，则命碎于砧几，烂于杵臼，绞取津液，以酬其痛。

又尝命其子松录诗数首，一字小误，诟詈且跃。手杖不及，则啮腕血流。其性褊急，皆若此。

——《太平广记》卷二四四《褊急·皇甫湜》

诗人之神李频

　　神是具有超凡力量的人物，大多对人类做出过贡献，人们建造祠庙，塑造神像供奉他们，让他们接受人间的香火，以表达心中的感恩之情。《礼记·祭法》中提出了享受祭祀的标准："法施于民则祀之，以死勤事则祀之，以劳定国则祀之，能御大灾则祀之，能捍大患则祀之。"可见有资格进入神庙的，大多对人类的生存做出过重大的贡献。

　　但是，历史上以诗人的身份跻身神庙的极少，除了大诗人屈原以外好像找不出第二个人来，要有的话，唐代的李频可以算一个。虽然李频"为神则政事之故，非文章之故也"[1]，他能够入祀神庙的主要原因是他的政绩而不是文学上的成就，然而"频诗自佳耳"，他的诗写得还是好的。

　　清人王士禛在《池北偶谈》一书里专门议论了这件事情。

　　李频病逝于建州刺史任上，当地百姓感念他的功德，在梨山建梨岳祠祭祀。南宋绍兴年间，李频被朝廷封为灵显忠惠公，后又加封为王，明初被封为"建州刺史之

①《四库全书·梨岳集提要》。

047

神"，列入官方祭祀的正式名单。南宋学者真德秀为他的诗集作序，就是流传至今的《梨岳集》。王士禛感叹，诗人死后封神的，能像李频这样影响很大的实在不多。

唐代末年，朝政混乱，宦官弄权于内，藩镇割据于外，大唐王朝正在一步步走向衰亡。在这样的乱局中，仍然有一些清醒的政治人物，明知无法挽狂澜于既倒，但也竭力凭借手中有限的权力，为国家出力、为百姓解难，李频就是这样一个人。他当县令就管好一个县，当刺史就管好一个州；担任御史能坚持守法无私，做考官则注意选拔那些确有真才实学而又被埋没多年的人才。总之，他始终坚持的一个理念就是"为民"，这在他的许多作品中都有所流露："想取烝黎泰，无过赋敛均。"① "知将何事酬公道，只养生灵似养身。"② 正是凭着这样的理念，他才获得了百姓们普遍的尊敬，最终被尊奉为神。

李频（818？—876），字德新，睦州寿昌（今属浙江建德市）人，故居在今建德市李家镇沙墩头村石门堂。石门堂古称长汀源，为李家的一条山源，青山绿水，环境幽静，风光宜人。李频的祖上李芳于贞元年间（785—805）在江南当节度使，有一年，他下基层察访民情，见这里的山水很好，就爱上了这里，造了房子定居下来。李频是李氏迁居睦州的第三代。

李频自幼聪颖，好读书，善诗文，尤长于诗歌，曾筑室西山，闭门读书，与州人方干、翁洮、喻凫、喻坦之为友，切磋诗艺。给事中姚合有诗名，为当时诗坛盟主，李频怀揣诗稿，跋涉千里，来到长安，求其品题。姚合读过诗稿，十分赞赏，加之李频生得一表人才，姚合十分喜欢，"爱其标格"，竟将其招为东床快婿。从此，李频就住在长安姚府，专心攻读，准备考试。李频在姚家待了十年左右，考了好几次，直到唐宣宗大中八年（854）

① 〔唐〕李频：《之任建安渌溪亭偶作二首》。
② 〔唐〕李频：《五月一日蒙替本官不得随例入阙感怀献送相公》。

三十多岁时才考中进士，经过几次地方官的周转，于唐懿宗咸通年间（860—873）被任命为武功县令，成为一方父母官，方始施展他的抱负。

武功县为京师长安属县，乃京畿之地，权贵势力很大，社会关系错综复杂，向称难治，加之当地百姓大多加入神策军，就更难管了。神策军为唐代后期的禁军主力，负责保卫京师的安全，由宦官统领，首领称左、右厢都知兵马使。中唐以后，藩镇割据，宦官专权，皇帝不信任外官，宦官气焰熏天，把控朝政，到了可以废立皇帝的程度。宦官统领的神策军拥有种种特权，"将吏迁官，多不闻奏，直牒中书令覆奏施行，迁改殆无虚日"，神策军违法的事件比比皆是，甚至于连御史都不敢去管，可见其气焰之甚。

李频到武功当县令，如何处置嚣张的神策军是一个绕不过去的问题。当地百姓多加入神策军以维护自身的特权，官府都惧怕他们，不敢去管。神策军军士尚君庆六年不交皇粮国税，李频决定抓住尚君庆这个典型，狠狠地打击一下。他暗中派人找尚君庆挑事，待尚到县衙告状时，乘势将他拿下，关进大狱，然后将早已掌握的他的违法行为一一上报给京兆尹，按律斩首，并追缴所欠的国税。那些仗势违法的"豪猾"们一见势头不妙，一个个"屏息奉法"，再也不敢捣乱，武功县的社会状况大为改善。

在武功，李频一手抓法制，做好社会安定的工作；一手抓生产。水利为农业的命脉，武功地处关中平原，多引渭水灌溉，水利尤为重要，"有六门堰者，废百五十年"，六门堰是武功县的一条大渠，荒废了一百五十年，修复起来有很大的难度。他趁灾年救赈之机，招雇饥民，以工代赈，疏浚堰渠，"按故道厮水溉田，谷以大稔"。①水利保证了农业的丰收，老百姓纷纷称颂李频的功绩。豪强伏法，县以大治，粮食丰收，道无饥民，社会始能安定：李频抓住了治理国家的要领。事闻于朝，"懿宗嘉之，赐绯、银鱼"，给予奖赏。咸通十三年（872），擢升侍御史，负责督察、弹劾官员，"守法不阿徇"；不久，又升为都官员外郎。

咸通十四年（873）七月，唐懿宗李漼病死；年仅十二岁的李儇即位，是为僖宗，次年改元乾符。僖宗是个孩子，只知在宫中戏耍玩乐，权力全由宦官把持，朝政更加混乱，政治斗争愈加险恶。为了避祸，也为了能有所作为，李频选择了外放。武功县的实践证明，去基层任职，可以凭借手中有限的权力为老百姓们做点实事。于是李频主动要求外放建州（治所在今福建建瓯市），获得批准后，于乾符二年（875）正月离京赴任。

有了在武功任地方首长的经验，李频更加坚定地在建州推行以法理政的理念。《新唐书·李频传》记载："既至，以礼法治下，更布条教。时朝政乱，盗兴，相椎夺，而建赖频以安。"是时，黄巢起义已经爆发，在一片乱局之中，李频仍然坚持依法行政，以理性的法制化行为和他的人格魅力，在晚唐的乱世中保留了一块乐土，这是很了不起的。

李频离京时已至晚年，到建州后又勤于政事，整顿乱局，第二年就病逝于任上。为了纪念这位勤政爱民的好官，建州百姓在城外梨山立祠建庙，名"梨岳庙"，尊他为一方之神，祈求他能死后显灵，保佑一方平安。经过历朝皇帝的敕封，李频的"爵位"越来越高，最后竟被封为"灵佑善应广济王"。诗人死后被追封为神的恐怕李频是唯一的一个。百姓们用梨山上的大梨木雕成李频像，立于庙堂之上。"建安梨岳老梨木，刻作唐朝

①《新唐书·李频传》。

建州牧。"宋人的诗句形象地描述了当时庙貌森严的景象。

宋人洪迈的《容斋随笔》中记有一则梨山庙的故事。

洪迈在建州担任知州的时候，因为求雨写过一篇祭祀李频的祝文，其中有"亟回哀眷"四个字，秘书说，"回"字犯了李相公的名讳，请大人修改。

原来建州人以为李频是李回，洪迈找了《新唐书·文艺传》中的李频传记来读，才知道李回实是李频之讹，还搞清楚了李频在建州的政绩。祭奠之后，果然显灵，下了一场透雨，于是刻石勒碑，以表感谢。

后来又看到唐末人石文德的《唐朝新纂》一书，其中记有李频在建州的事迹，还载有诗友曹松哭李频的一首诗。宋初人徐铉在《稽神录》一书中也错以为是李回，这是作者没有仔细审核的缘故。

《容斋随笔》中不但介绍了李频在建州的政绩，还描述了他死后成神的灵验；讲述了建州人误将李频作李回的一段历史，澄清了建州人的错误，并且附带提到了宋初人徐铉所著《稽神录》中的讹误。

李频深受儒家思想的影响，主张积极入世；同时也吸收法家以法治国的思想，用以建设和管理社会。"惠人须宰邑，为政贵通经。"①要为民谋利、造福（"惠人"），就必须去做最基层的父母官；而为政的要道或说指导思想则是儒家的经典。可贵的是，李频并不排斥法家的思想，而是吸收法家的一些做法来管理国家。这两句诗可谓李频一生行政的十字方针，贯穿其政治生涯的始终。

〔唐〕李频：《送
——昌曹明府》。

来自农村的李频深知农家的艰辛，十分关心民生疾苦。"但如诗思苦，为政即超群"①，这是他写给同僚的诗句，也是他为官的心得：做官若能像写诗那样用心，你的政绩肯定会好。在赴任建州抵达州境时，他写下了两首诗表达自己的心情，其一云："入境当春务，农蚕事正殷。逢溪难饮马，度岭更劳人。想取烝黎泰，无过赋敛均。不知成政后，谁是得为邻。"②诗中再一次表达了李频的执政理念：为政公平。

其实李频死后，并非如曹松、洪迈所说的那样后继无人，据福建光泽县政协《光泽文史资料》所载，李频死后，家属扶柩回睦州原籍安葬，但此时黄巢义军已入江南，道路不宁，走到福建光泽县，再也无法前行，只得在县郊之上乌洲择地安葬，后世子孙遂在此守墓定居，后来竟发展成一个大村落，名曰"乌洲李氏"。乌洲李氏保持了李氏诗书传家的家风，出过很多有影响的学者，如宋代的李深、李吕等，号称"李氏七贤"，在闽学中有很高的地位。

①〔唐〕李频:《送德清喻明府》。
②〔唐〕李频:《之任建安渌溪亭偶作二首》。建安为建州首县。。

李频像

李频和方干二人是睦州诗派的领军人物，被称为"晚唐巨擘"，但不同于方干之处是，李频"诗虽晚唐，却多壮句"①，他努力突破晚唐低沉的调子，"虽出晚年，体制多与刘随州相抗，骚严风谨，惨惨逼人"②。诗风直逼中唐，这与他宏大的抱负和为政的实践有关。

李频死后，作品多有散佚，直到南宋嘉熙三年（1239）才由建州太守王埜刻成，曰《梨岳诗集》。《全唐诗》编为3卷，另在"补遗"中载其2首，凡206首。其生平收入《新唐书·文艺传》。

附录：

　　唐诗人李频，字德新，睦州人，名列《唐书·文艺传》。《才调集》所载"中流欲暮见湘烟"一篇，其作也。懿宗时，为建州刺史，卒，见神梨岳，郡人祠祀之。宋绍兴中，封"灵显忠惠公"，后加"灵佑善应王"，再加"广济王"，又加"福佑威济信顺王"。明洪武初，改"建州刺史之神"，载在祀典。宋真文忠公序其诗，今所传《梨岳集》是也。诗人殁而为神，未有如频之昭昭者。

　　——〔清〕王士禛：《池北偶谈》卷二十一《谈异二》

　　建安城东二十里，有梨山庙，相传为唐刺史李公祠。予守郡日，因作祝文曰："亟回哀眷。"书吏持白："'回'字犯相公名，请改之。"盖以为李回也。后读《文艺·李频传》，懿宗时，频为建州刺史，以礼法治下。时朝政乱，盗兴，相椎夺，而建赖频以安。卒官下，州为立庙梨山，岁祠之，乃证其为频。

继往祷而祝之云："俟获感应，则当刻石纪实。"已而得雨，遂为作碑。偶阅唐末人石文德所著《唐朝新纂》一书，正纪频事，云除建州牧，卒于郡。曹松有诗悼之曰："出旌临建水，谢世在公堂。苦集休藏箧，清资罢转郎。瘴中无子莫，岭外一妻孀。恐是浮吟骨，东归就故乡。"其身后事落拓如此。《传》又云："频丧归寿昌，父老相与扶柩葬之。天下乱，盗发其冢，县人随加封掩。"则无后可见云。《稽神录》载一事，亦以为回，徐铉失于不审也。

——〔宋〕洪迈：《容斋随笔·续笔·李建州》

建州梨山庙，土人云："故相李回之庙。回贬为建州刺史后，卒于临川。卒之夕，建安人咸梦回乘白马入梨山。及凶问至，因立祠焉，世传灵应。"王延政在建安，与福州□□隙，使其将吴某帅兵向晋安。吴新铸一剑甚利，将行，携剑祷于梨山庙，且曰："某愿以此剑手杀千人！"其夕，梦神谓己曰："人不当发恶愿，吾佑汝，使汝不死于人之手。"既战，败绩，左右皆溃散。追兵将及，某自度不免，即以此剑自刿而死。

——〔宋〕徐铉：《稽神录》卷六《梨山庙》

唐代的"双钩"

　　钩原本指弯曲形的用来探取或悬挂器物的用品，如钓钩、挂钩等等，又指弯曲的刀具，是古代的一种兵器："钩亦兵器也，似剑而曲，所以钩杀人也。"①从"所以钩杀人也"一句看来，钩的刃口应该是朝内的，有点像戏曲舞台上窦尔敦背的双钩。

　　钩以产于吴地的最为著名，所以吴钩也就成为钩的代名词，后也泛指剑。唐人作品中有许多歌颂吴钩的篇章名句。如李白《侠客行》："赵客缦胡缨，吴钩霜雪明。银鞍照白马，飒沓如流星。十步杀一人，千里不留行。"李贺《南园十三首》（其五）："男儿何不带吴钩，收取关山五十州。请君暂上凌烟阁，若个书生万户侯？"宋代大词人辛弃疾《水龙吟·登建康赏心亭》有"落日楼头，断鸿声里，江南游子。把吴钩看了，栏杆拍遍，无人会，登临意"之句。

　　钩据说起源于周朝初年，春秋时期十分流行。屈原的名作《九歌·国殇》中就有"操吴戈兮被犀甲，车错毂兮短兵接"的句子。戈和钩的兵刃部分相似，区别只在于手柄的长短而已。钩的鼎盛期在唐代以后，人人都以拥有一把好钩自豪。

①《汉书·韩延寿传》。

055

睦州刺史齐颛很喜欢钩，贴出告示，公开招标，高价征集好钩，凡能做出好钩的赏金五镒。一镒约等于古代的二十两。古时候实行十六两制，二十两约为现在的1.25 市斤，合 600 多克。

一天，新安县（当时睦州的辖县，即今之淳安县）主簿钱本送来了两把好钩，要求刺史大人兑现一百两黄金（或许是白银，古代"金"是个泛称，也可以指银子）的赏金。但是这位齐太守却不肯给，说他这两把吴钩没有什么特别之处，就是普通的曲刀而已。钱本大呼"冤枉"，对刺史大人说，这两把吴钩是用他两个儿子的鲜血祭成的，是人世间少有的宝物，说着，钱本流着眼泪呼唤两个儿子的名字，吴钩就飞到了他的背上。可是刺史大人仍然不认账，认为这是妖法，不但不能给赏金，还要追究他兴妖作怪的刑事责任。钱本不服，说是太守有言在先，怎么可以赖账！

此事闹得沸沸扬扬，双方各执一词，相持不下，因为缺乏史料记载，不知后事如何，但有好事者为此作过一篇判词，对这件事进行了批判。

你齐颛来到这仙境一样的地方做官，本该抓好民众的教育工作，改变社会风气，树立榜样，让人民群众向他们看齐。但是你本职工作没有做好，却对古董十分着迷，做梦都想得到一把好钩；你没有像周朝初年的召公那样，把全部精力用到治理工作上去，却仿效起了当年吴王夫差为宠妃西施建造响屧廊的做法，高价悬赏好钩。钱本这个人用尽心思，想造出一把能够与宋弓越剑媲美的天下名器来，甚至杀了自己的儿子，这和当年要离为了刺杀庆忌而烧死自己的妻子有什么两样？

这位好古的太守大人只是一个不辨辽东之豕的浅薄

之徒，不肯兑现当时的承诺；而钱本贪图赏金，竟然将自己的亲生骨肉杀害，真是丧尽天良，应该打入死牢，追究他的罪责。

这篇判词对求剑与铸剑双方都做了不客气的批评。一方面批评作为一方大员的齐颢没有做好本职工作，一味地猎古好奇；另一方面对钱本贪财杀子违背伦理的兽行做了严厉的谴责。

由于史料的缺失，史书和方志上都没有留下齐颢的记载，只是在《全唐诗补编》中录有他的一首诗《宿南岩寺感兴》："南岩寺，本沧海，任子钓台今尚在。见说垂钓于此中，犗牛钓饵庄书载。沧海竭，任子殁，波涛打处为岩窟。不知任子何所之，唯见钓台空崚峋。"宋《嘉泰会稽志》有记载说，新昌县有齐公井，"在县南五里南明山之东麓，俗云齐相井。唐齐颢所居山中有十五题，井其一也"。南岩寺在新昌县城西十里西山村，有任公子钓台、甘露井等古迹。东晋永和年间建寺，南朝宋元嘉年间建寺殿于山崖上，为新昌最大的寺院。

上述这则故事便是《全唐文》中记载的《对好钩判》，其"本事"部分虽然不足百字，但是作为一则故事的要素都有了：有人物，有情节，有高潮，情节跌宕起伏，引人入胜。首先是齐颢"广召巧工"、高价悬赏，钱本请赏"不与"；其次是钱本抱着宝钩哭着呼唤儿子的名字、宝钩显灵飞上父背，钱本要求太守大人兑现承诺，但齐颢不仅不肯兑现诺言，反过来还要治他的罪。出现了两次明显的起伏，读者急于知道事情的结果，但是却等来了一篇掉书袋的、长长的判词。

从故事的内容来看，这完全是唐朝版的干将莫邪。

　　干将莫邪的故事发生在春秋战国时期，最早记载其事的是西汉刘向的《列士传》与《孝子传》，定型于宋代，经过长期的演化，到明清时期逐渐脱离了原有的故事背景和思想意义。

　　干将莫邪夫妇是有名的铸剑师，他们受委托为晋国的国君打造宝剑，花了三年的时间才造成。他们打造的两把宝剑有雌雄之分，是天下有名的宝贝。干将将雌剑上交给了晋国的国君，留下了雄剑，对已经怀孕的妻子说："我把这把雄剑藏在南山的北面，北山的南面，有松树生长在岩石上，宝剑就在其中。晋君要是发现这件事情，一定会杀了我。到时如果你生下来的是儿子的话，就将我的遭遇告诉他，让他为我报仇。"后来干将果然被杀，他的妻子也生了一个男孩，取名赤鼻。赤鼻长大后，母亲莫邪将父亲干将的冤仇告诉他，要他为父报仇。赤鼻砍倒了南山之松，但是并没有找到藏在树下的宝剑，后来才领悟到"松生石上"其实就是暗示礩鼓之上的柱子的意思，剖开柱子，宝剑果然藏在里面。

　　晋君梦见一个人，这个人两道眉毛之间的距离有三寸宽，要找他报仇。于是晋君贴出告示到处抓梦中人。赤鼻只能逃到山里避祸。在山里他碰到了一位大侠，愿意代他报仇，但条件是赤鼻必须提供自己的人头和那把雄剑。赤鼻同意了。大侠拿着赤鼻的人头献给了晋君，他下令将人头放在大镬里煮。谁知煮了三天三夜都没有煮烂。晋君感到奇怪，就来到大镬边观看，大侠手起剑落，将晋君的人头砍了下来，随后自杀，三个头在大镬中一起翻滚，一下子就煮烂了，分不清是谁的头颅。人们只得将其安葬，称之为"三王冢"。

　　后来，东晋人干宝将这篇作品收入《搜神记》一书，并对它进行了改写，增添了人物对话，丰富了故事的细节，使得作品丰满起来。

干将莫邪的传说产生于春秋战国时期吴、越、楚一带，这一时期，国家间互相杀伐，战乱频繁，毫无正义可言，人民陷于水深火热之中，复仇成为时代的强音，出现了四大刺客：专诸、要离、聂政、荆轲。干将莫邪的故事被不宽恕敌人的鲁迅先生改写为一篇小说，题名《铸剑》。在这篇小说中，鲁迅先生抓住主人公赤"眉间广尺"的体貌特征，将赤的名字改为"眉间尺"。

在东汉赵晔《吴越春秋》一书中，有"莫邪断发剪爪投炉"的细节，并且讲了一个以人血衅剑的故事。

吴王阖闾十分喜爱莫邪铸的钩，下令在全国开展制作吴钩的比赛，做得好的赏金百两。果然重赏之下必有勇夫，有人为了得到高额赏金，竟然杀了自己的两个儿子，用儿子的鲜血涂抹在钩的刃口上，希望得到吴王的赏赐。献来的钩太多，一时难以找到，吴王就问他：你的钩有什么特别之处？献钩人说，他用两个儿子的鲜血衅了这两把钩，可以从众多的钩中将他们叫出来。他呼唤两个儿子的名字，这两把钩果然从堆积如山的钩中飞出来，贴在他的胸前。吴王见了也大为吃惊，兑现了自己的诺言，赏赐给献钩人百两黄金。

此文与唐代的《对好钩判》基本相同，只是对于做钩者的态度发生了颠覆性的变化：前者是肯定，是赏识；后者是否定，是批判。从中我们可以看出，经过一千多年的发展，历史的脚步是怎样一步步走向文明的。

以人血衅剑其实就是以活人殉葬的"人殉"制度。人殉制度起始于殷商时期，那时候的人认为人死后灵魂依旧存在，可以继续活在另一个世界里，于是杀死许多活人为死去的贵族陪葬。到了春秋战国时期，随着社会生产力的发展，人的价值和生命逐渐被重视起来，活人殉葬的制度受到非议和反对，但是仍然存在，如齐桓公、秦武公、宋文公都有殉葬。儒家典籍《诗经》中有哀悼为秦穆公殉葬的三位秦国的贤士的诗歌《黄鸟》："临其穴，惴惴其慄。彼苍者天，歼我良人！如可赎兮，人百其身。"表达了人民对殉葬制度的痛恨和无奈。

殉葬之事一直延续到秦汉时期才慢慢减少，汉朝时人殉制度被正式废除，但是还有零星的被冠以"自愿的"活人殉葬，一直到唐宋时期都有存在。这篇《对好钩判》中的新安主簿钱本衅钩、献钩的行为就是他自己"自愿的"——当然他的两个儿子是不是自愿就只有天知道了。元明时期，殉葬制度死灰复燃，朱元璋就曾经下令让许多嫔妃为他殉葬。

魏晋南北朝时期，干将莫邪铸剑复仇的故事已经演变为分离复合的故事，到了明代，冯梦龙写《东周列国志》，已无眉间尺复仇之事，增加了莫邪为铸剑以人投炉殉剑而死，干将乘宝剑飞去的情节，原本铸剑与复仇故事中的严肃意义和反抗性、斗争性消失殆尽。清代钱彩的《说岳全传》与《东周列国志》所说故事大同小异，但将铸剑师的名字改成了欧阳冶善，结尾的煮头情节变为头颅结成了莲子，食之可以长生不老，掺入了浓厚的道教色彩，完全演变成一个道教神异故事了。

有趣的是，严州民间流传着一个识宝的徽州客人在乌龙山上得到的宝剑却于七里泷中自发跃入水中与剑鞘复合的故事，与《晋书·张华传》中干将莫邪双剑埋藏地下，后为张华所得，后又下落不明，终于在延平津水中复合的故事极为相似。

一篇唐代的《对好钩判》，反映出了社会发展的曲折过程和人性的复苏过程，虽然是迂回曲折，但历史的脚步终究是向前的。

附录：

睦州刺史齐颀好钩，广召巧工。有能为钩者，贾金五镒。新安县主簿钱本造钩，杀其二子，衅之，以致于颀。从颀索赏，颀不与，云："盖是常钩，凭何索赏？"本乃抱钩泣呼其子名，钩遂飞著父背。刺史科妖妄罪，不伏，云有节（前）闻。

齐颀承荣梓阙，作镇桐庐，化洽循良，行闻弃戟。情惟奇古，方欲好钩，未宣邵伯之风，且效吴王之躅。钱本雕镌擅美，冶铸标能，尽思侔于宋弓，穷神等于越剑。纤形孕玉，疑悬秦女之楼；曲影分钩，不若任公之钓。于斯杀子，何谢燔妻？既极巧工，言邀重赏。彼则识非辨物，怪辽豕之从来；此乃道涉幽通，惜吴鸿之枉逝。锺心之痛才结，著背之应斯彰，虽频会于前闻，终取惊于即事。（判词）

刺史学殊该博，情惧妖讹，莫酬吕相之金，先寡陶公之璧。初闻或疑孟浪，当察理合推绳。何者？舐犊恩深，将雏调切，自可慕兹携剑，聊追五月之欢；岂得同彼衅钩，遽夭百年之命！既亏天性，须置霜科，请归荆棘之曹，速按鞭桐之罪。

——〔唐〕阙名：《对好钩判》（《全唐文》第五册卷九百八十四）

干将为晋君作剑，三年而成，剑有雌雄，天下名器也。以雌剑献君，留其雄者。谓妻曰："吾藏剑在南山之阴，北山之阳，松生石上，剑在其中。君若觉，杀吾。尔生男，以告之。"及君觉，杀干将，妻后生男名赤鼻，具以告之。赤鼻斫南山之松不得剑，思于屋柱中得之。晋君梦一人，眉广三寸，辞欲报仇，君觉购求甚急。鼻乃逃朱兴山中。遇客欲为之报，乃刎首以奉晋君。客令镬煮之头，三日三夜不烂，君往观之，客以雄剑倚拟君，君头落镬中，客又自刎，三头悉烂，不可分别，葬之，名曰"三王冢"。

——〔汉〕刘向：《列士传·三王冢》

　　楚干将莫邪为楚王作剑，三年乃成。王怒，欲杀之。剑有雌雄。其妻重身当产。夫语妻曰："吾为王作剑，三年乃成。王怒，往必杀我。汝若生子是男，大，告之曰：'出户望南山，松生石上，剑在其背。'"于是即将雌剑往见楚王。王大怒，使相之："剑有二，一雄一雌，雌来雄不来。"王怒，即杀之。

　　莫邪子名赤，比后壮，乃问其母曰："吾父所在？"母曰："汝父为楚王作剑，三年乃成。王怒，杀之。去时嘱我：'语汝子出户望南山，松生石上，剑在其背。'"于是子出户南望，不见有山，但睹堂前松柱下，石低（砥）之上。即以斧破其背，得剑，日夜思欲报楚王。

　　王梦见一儿眉间广尺，言欲报仇。王即购之千金，儿闻之亡去，入山行歌。客有逢者，谓："子年少，何哭之甚悲耶？"曰："吾干将莫邪子也，楚王杀吾父，吾欲报之。"客曰："闻王购子头千金。将子头与剑来，为子报之。"儿曰："幸甚！"即自刎，两手捧头及剑奉之，立僵。客曰："不负子也。"于是尸乃仆。

　　客持头往见楚王，王大喜。客曰："此乃勇士头也，当于汤镬煮之。"王如其言煮头，三日三夕不烂。头踔出汤中，踬（瞋）目大怒。客曰："此儿头不烂，愿王自往临视之，是必烂也。"王即临之。客以剑拟王，王头随堕汤中，客亦自拟己头，头复堕汤中。三首俱烂，不可识别。乃分其汤肉葬之，故通名三王墓。今在汝南北宜春县界。

——〔晋〕干宝：《搜神记·三王墓》

阖闾既宝莫耶，复命于国中作金钩。令曰："能为善钩者，赏之百金。"吴作钩者甚众，而有人贪王之重赏也，杀其二子，以血衅金，遂成二钩，献于阖闾，诣宫门而求赏。王曰："为钩者众，而子独求赏，何以异于众夫子之钩乎？"作钩者曰："吾之作钩也，贪而杀二子，衅成二钩。"王乃举众钩以示之："何者是也？"王钩甚多，形体相类，不知其所在。于是钩师向钩而呼二子之名："吴鸿、扈稽，我在于此，王不知汝之神也。"声绝于口，两钩俱飞著父之胸。吴王大惊，曰："嗟乎！寡人诚负于子。"乃赏百金，遂服而不离身。

——〔汉〕赵晔：《吴越春秋》卷二《阖闾内传》

挂在城门上的大草鞋

一千多年前的一个秋天，一支浩浩荡荡的队伍来到浙西睦州城下，只见刀枪耀目，金鼓喧天，领头的帅旗上绣着"冲天大将军"五个金字，军队一字儿排开，将山城睦州团团围住，只等大将军一声令下，就准备攻城了。

这时，只见门旗影下闪出一位身披黄金锁子甲的大将，威风凛凛，精神抖擞。他策马上前，来到城下，观察动静。对了，这位大将正是号称冲天大将军的黄巢。

黄巢来到城下，只见城门大开，城楼上偃旗息鼓，悄无声息，不见半个士兵的踪影。城门外有几个老军在扫地，还有几个则靠在城墙上聊天，就像没事人一样，全然没有将眼前的百万雄师放在眼里。黄巢见了，不由得吃了一惊：这睦州人玩的是哪一出啊？不会是六百多年前一代武侯诸葛亮使过的空城计吧？他朝城中望去，只见城里的街道也是空荡荡的，城门外挂着一只硕大无朋的草鞋，挡住了他的去路。黄巢见了，不由拍马上前，想把它拿下来，但是使尽平生之力也拿不动。黄巢又绕城一周，都不见动静，不由得滚鞍下马，朝大草鞋深深礼拜，叹息道："睦州有大圣人，所有兵将不得惊动。"传令退兵，绕城而去。

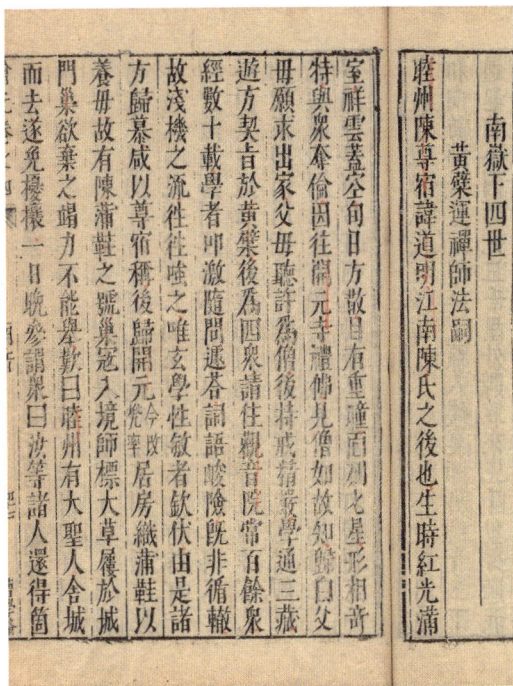

《五灯会元》载
"睦州陈尊宿"

当年黄巢驻扎过军队的小山，后人称为屯军山，这个地名一直流传至今。

这个帮助睦州百姓躲过一劫的"大圣人"，就是中国佛教史上有名的高僧陈尊宿。

据佛教典籍《五灯会元》的记载，陈尊宿，俗名道明，法名道踪。佛教称德高为尊，年长为宿，尊宿是对年长而德高的僧人的尊称。严州民间又称他为道明和尚。

陈尊宿是睦州州城（今建德梅城）人，为南朝最后一个王朝陈朝王室的后裔。据说他出生的时候红光满室，祥云盖空，旬日方散。生下来时，双目有重瞳（两个瞳子），面列七星，形相奇特，与众不同。他年幼时往城西开元寺拜佛，看见僧人，很有亲切感，回家禀告父母，说自己愿意出家当和尚。父母见他意志坚决，也就同意了。

陈尊宿出家后，专心攻读佛家经典，戒律精严，学通三藏（经藏、律藏、论藏，即佛教的全部典籍），掌握了渊博的佛学知识。后来云游到黄檗山，被方丈希运禅师辟为首座。陈尊宿在黄檗山受到很大的启发，深有教益，回到睦州后，被信徒四众请往城东高峰山观音院，住了几十年，前来求教的人越来越多，无论什么疑难问题，他都能回答。语言含蓄峻险，不为平常用语，常人难以理解，往往认为他在说些莫名其妙的话，反而常常嗤笑他，他也不以为意，只有学识玄深者对他十分佩服。四方之人都十分仰慕他，尊敬地称他为"尊宿"。

因为母亲年老，陈尊宿离开城外高峰山，来到城中开元寺，编织蒲鞋出卖，用以供养老母，故而人们又称他为"陈蒲鞋"。开元寺就在州衙西侧不远，宋时香火仍盛，陆游严州《述怀》诗有"是凡是圣谁能测，试问西邻织屦翁"之句，句下自注"禅家所谓睦州陈蒲鞋者，故居在郡治之西二百步"，写的就是陈尊宿的事迹。

不过，陈尊宿在民间影响最大的还是他挂大草鞋退走黄巢大军的故事。

黄巢起义声势浩大，横扫大半个唐朝，兵锋所指，所向披靡，北及燕赵，南达岭南，其规模远超天宝年间的安史之乱，连首都长安也被义军攻陷，但是却因为一只草鞋就轻轻地放过了山区小城睦州，这是一个巨大的历史谜团。为什么会这样？答案只能从陈尊宿挂出的那只大草鞋中去找。

为了说明来龙去脉，必须先交代一下草鞋在中国禅宗史中的一桩公案。

禅宗是中国佛教的一大教派，由南印度高僧达摩

（？—536）于南北朝时期创立。达摩为中国禅宗始祖，死后葬于河南熊耳山。但是多年以后，东魏使臣宋云却在从西域回国的路上碰到了他，他手上提了一只鞋，宋云并不知他已死，回国后向魏孝静帝汇报此事。魏帝不信，派人掘墓开棺，果然不见尸体，只有一只鞋子，所以后来就有达摩"只履西归"的说法。

禅宗主张"教外别传，不立文字"，追求心性顿悟，认为佛在心中，一切繁缛的佛教礼仪都可以免去，连日常念经的功课也可以取消，甚至可以呵佛骂祖，陈尊宿就不主张拜佛，说过"礼那土堆作么？"这样的话。用棒喝、机锋、旨诀、圆相、作势、隐喻等形式来传达禅意。挂大草鞋实际上是一种形象语言，隐喻这里崇拜禅宗，有禅宗高僧在此。陈尊宿知道黄巢信佛，所以用这样的形式告知黄巢，取得了成功，为睦州百姓免去了一场灾难。

由于统治者的提倡，唐朝时的佛教十分兴旺，寺院遍及全国，后来竟然发展到影响国家财政收入、威胁朝廷统治的地步，以致唐武宗不得不采取"灭佛"的极端手段来解决帝国面临的危机。黄巢深受佛教思想的影响，早就有遁入空门的思想。韶州南华寺保存有黄巢写于乾符四年（877）的《斋僧文》，他自称"率土大将军"；在歙县昭庆寺，也有黄巢的《斋僧疏》碑文，碑文中承诺舍银六锭，斋僧一千人。传说起义失败后，黄巢虎口脱险，出家当了和尚，得以善终。宋人王明清《挥麈录》引五代王仁裕《洛城漫录》说，五代张全义为洛阳留守时，曾经见到黄巢混在众僧之中。又转引宋初陶谷《五代乱纪》，说黄巢逃跑后，当了和尚，曾作诗云："三十年前草上飞，铁衣着尽着僧衣。天津桥上无人问，独倚危栏看落晖。"宋人邵博《河南邵氏闻见后录》说黄巢投奔旧部河南尹张全义，张为其建南禅寺居住，后往明州雪窦寺。宋人吴曾《能改斋漫录》、张端义《贵耳集》、罗大经《鹤林玉露》、周密《志雅堂杂钞》都有相关的记载。

亳州民间传说，黄巢是佛经人物木莲（目连）投胎转世，要他把被木莲放出来的十八层地狱中的恶鬼（指世上的大小贪官、恶人）尽数杀死，因此，黄巢起义是替天行道，"黄巢杀人八百万——在数难逃"。甚至有人说黄巢是地藏王菩萨转世，是为老百姓救苦救难来了。从以上种种记录看来，黄巢具有浓厚的佛教思想倾向，所以他才会看懂大草鞋的深刻含意，发出"睦州有大圣人"的感叹。

在睦州城外，面对挂在城门上的大草鞋，黄巢想起小时候有个老和尚曾经告诉过他，禅宗的开山祖师达摩大师留给世间的就是一只大草鞋。现在睦州人将大草鞋挂在这里，是在告诉他这里是佛徒的化城，拥有众多的佛家信众，要他刀下留人，不得乱杀无辜。我佛慈悲，佛家戒杀生，他起兵反唐正是为了翦除元凶，拯救天下受苦受难的百姓，如果纵兵杀进这座不设防的城市，血流成河，生灵涂炭，岂不有违起义的初衷？何况能够以挂大草鞋的形式向他表达"我佛慈悲"之意的，必是高人。这大概是黄巢放过睦州城的真正原因。

禅宗提倡顿悟的修行方法，宣扬人人皆可成佛的"即身成佛"的思想，后发展出五家七宗，远播日本，影响很大。挂大草鞋的做法实质上是禅宗不立文字、直指人心的一种"行为艺术"，目的是向人们显示禅宗存在的含义。

编刻于南宋淳熙十二年（1185）的《淳熙严州图经》也记录了这个故事，只不过是把挂草鞋的地点从睦州州城移到了城西的树林子里。

　　黄饶距城四十里，相传黄巢为乱，欲过郡，时陈尊宿在城中，语郡人曰："勿忧。"乃织大草屦置之城西三十里外木杪。贼至，视之，曰："彼有人焉。"遂出境。后因名其地，言为黄巢所饶，盖俗语也。[1]

黄饶的地名一直沿用至今。这个故事中少了一段黄巢"力不能举"的传神描写，但在认为睦州有高人指点这一点上是一致的，只不过在《五灯会元》中写为"大圣人"，《淳熙严州图经》中记为"有人"而已。其实二者的含义都差不多，皆为不平凡的"高人"之意。

陈尊宿未动一兵一卒，仅凭一只大草鞋就吓退了黄巢百万兵，这成了中国佛教史上一宗有名的公案。

在远隔重洋的东邻日本，东京最古老的寺院浅草寺的大门上也挂着一只大草鞋，它用这种形式告诉人们，这里属于佛教的禅宗教派。

收录陈尊宿事迹的佛教典籍还有《祖堂集》《景德传灯录》《联灯会要》《历代编年释氏通鉴》《云门匡真禅师广录》等。

[1]《淳熙严州图经》卷二《历代沿革》。

范仲淹的"一字师"

范仲淹被同时代的人称为"本朝人物第一",更是被大儒朱熹尊为"天地间第一流人物",无论在人生的什么位置上,他都能做到极致:在布衣时为名士,在州县为能吏,在边疆为名将,在朝廷为良相。

上天给范仲淹安排的命运并不好,两岁的时候就死了父亲,母亲谢氏带着他转嫁淄川长山(今山东邹平)人朱文翰,改名朱说。尽管继父对他不错,但是"拖油瓶"的滋味仍然不好受,他经常受到朱氏族人的歧视。母亲为了避免是非,让他寄宿到附近的醴泉寺读书。寺院的长老慧通大师是个得道高僧,学问渊博,为范仲淹讲授《易经》《左传》《史记》等经史之书,对范仲淹青眼有加,这却引来了一些小和尚的不满,吵嚷不休。为了躲避喧扰,范仲淹独自一人来到寺院外面的一个山洞里读书,这个山洞被后人称为"读书洞"。

由于家里生活困难,范仲淹每次回家都只带很少的一点米,为了节省时间,每天先煮好一锅粥,凝冻了之后用刀划成四块,早晚各吃两块,菜则以山上拔来的野菜用盐腌了以后解决,这就是著名的苦读故事"划粥断齑"的由来。

这个故事最早记录在宋人魏泰的《东轩笔录》中——

> 惟煮粟米二升，作粥一器，经宿遂凝，以刀划为四块，早晚取二块，断齑数十茎，酢汁半盂，入少盐，暖而啖之。

艰苦的环境，多难的人生，磨砺了少年范仲淹的意志，也激励他树立了远大的抱负和志向，他以古代的圣贤为榜样，"立身以立学为先，立学以读书为本"[1]。深知只有知识才能改变自己的命运，他发奋读书，刻苦学习，硬是将人生的"一手烂牌"打成了"一手好牌"，从一个寄人篱下的"拖油瓶"成长为一个经天纬地的大丈夫。

纵观范仲淹的人生，不断学习的态度贯穿了他的一生：他不仅读有字的书，更读无字的书；不仅向古代的圣贤学习，更向生活学习，向社会学习。这种毕生学习的精神，使得他的思想境界不断提升，不断迈向新的高度，终于发出了"士当先天下之忧而忧，后天下之乐而乐"的时代最强音。

在睦（严）州，范仲淹也留下了虚心学习的故事，那就是被后人广泛传颂的"一字师"的典故。

"一字师"的故事很多，流传较广的是唐代诗僧齐己请诗人郑谷改诗的故事，见于北宋人陶岳的《五代史补》。

> 郑谷在袁州，齐己因携所为诗往谒焉。有《早梅》诗曰："前村深雪里，昨夜数枝开。"谷笑谓曰："'数枝'非早，不若'一枝'则佳。"齐己矍然，不觉兼三衣叩地膜拜。自是士林以谷为齐己"一字之师"。

郑谷认为，既然是写"早梅"，就应该突出"早"

①〔宋〕欧阳修：《欧阳文忠公文集》。

的意境，"数枝开"已经是很多了，谈不上早了，所以将"数枝"改为"一枝"，以显示其早。郑谷只改动了诗中的一个字，境界全出，所以齐己十分佩服。

范仲淹"一字师"的故事发生在范仲淹出任睦州知州期间。

明道二年（1033）年底，因反对废黜郭皇后，范仲淹被贬任睦州知州，并且勒令立即启程，不得延误。第二年（景祐元年，1034）正月，范仲淹带着一家人乘船从汴京出发，经汴河入淮水，沿运河南下，经过三个多月的颠簸，直到四月中旬才抵达贬所睦州，当年下半年又被调任苏州知州，在睦州的时间满打满算也只有半年。但是他并没有因为政治打击而消沉不起，而是尽自己的力量有所作为。在睦州，兴学校，重教育，建严先生祠，并为之作记，就是后来收入《古文观止》的《严先生祠堂记》，全文不长，且抄录如下：

> 先生，汉光武之故人也，相尚以道。及帝握《赤符》，乘六龙，得圣人之时，臣妾亿兆，天下孰加焉？惟先生以节高之。既而动星象，归江湖，得圣人之清，泥涂轩冕，天下孰加焉？惟光武以礼下之。
>
> 在《蛊》之上九，众方有为，而独"不事王侯，高尚其事"，先生以之；在《屯》之初九，阳德方亨，而能"以贵下贱，大得民也"，光武以之。盖先生之心，出乎日月之上；光武之量，包乎天地之外。微先生，不能成光武之大；微光武，岂能遂先生之高哉！而使贪夫廉，懦夫立，是大有功与名教也。
>
> 仲淹来守是邦，始构堂而奠焉。乃复为其后者四家，以奉祠事。又从而歌曰："云山苍苍，江水泱泱；先生之风，山高水长！"

严子陵以一介布衣的身份傲视王侯，"泥涂轩冕"，保持了一个知识分子难能可贵的气节，千古以来激励着一代又一代的士人，成为人们学习的榜样；汉光武以帝王之尊，"以贵下贱"，尊重一个平民知识分子的选择，没有以势压人，其度量真可以"包乎天地之外"。

这是一篇千古名文，"一字师"的故事就发生在写作、修改这篇文章的时候。

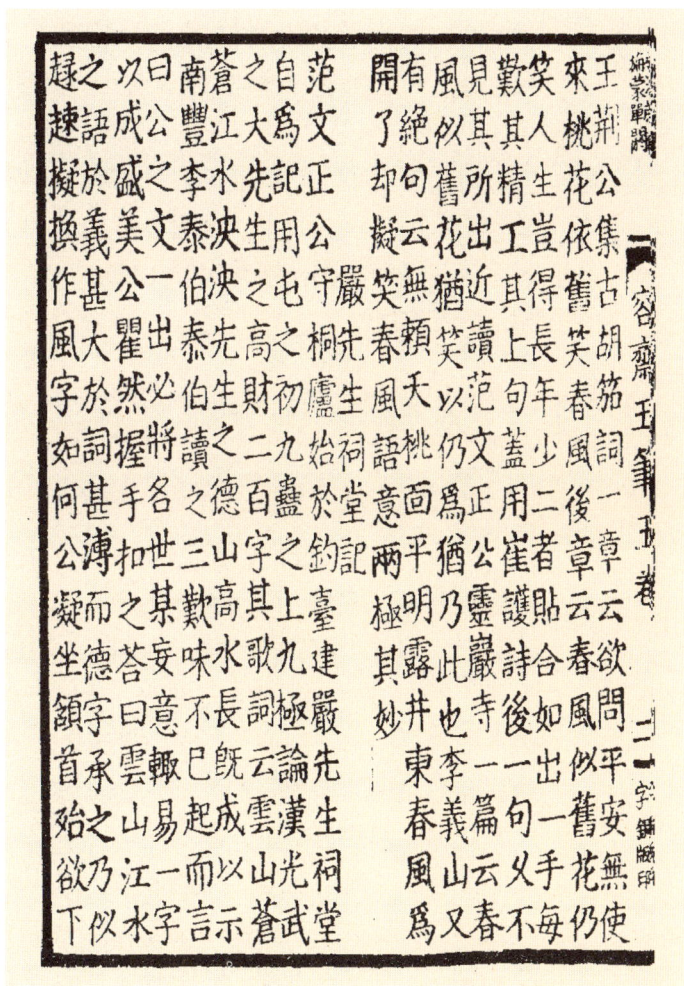

《容斋五笔》载《严先生祠堂记》

最早记载这个故事的是南宋洪迈，见洪迈所著的《容斋五笔》一书，题为《严先生祠堂记》。

范仲淹在睦州当知州的时候，曾经在严子陵钓台修复过严先生祠堂，并且亲自写下一篇记文。文中反复阐述汉光武度量之大、严子陵风节之高，文章的最后还有四句歌词："云山苍苍，江水泱泱；先生之德，山高水长。"

文章写好后，范仲淹反复推敲，并且拿给著名学者李觏看，请他提提意见。李觏认真地看了，表示十分赞赏，对范仲淹说："公的大作问世，将流传天下，影响必然很大。我斗胆给你改一个字，以成全公的美誉。"

范仲淹听了，赶紧过来握着他的手请教。于是李觏说："云山江水之语，含义丰富，格局很大，但是以'德'字承接，气势太小，不够相配。建议换成'风'字，不知公以为如何？"

范仲淹听了，豁然开朗，频频点头，激动得快要下拜了。

给范仲淹提出修改意见的李觏（1009—1059），字泰伯，建昌军南城（今江西资溪县）人，是当时很有名的学者。南城于汉高祖五年（前202）建县，三国东吴太平二年（257）分置南丰、东兴、永城三县，故李觏又被人称为"南丰李泰伯"。李觏是唐代宗室滕王李元婴的后裔，北宋时期重要的哲学家、思想家、教育家。其家境贫寒，但刻苦自励，奋发向学，勤于著述。因科举不顺，自称"南城小民"。40岁时由范仲淹举荐为太学助教，后为直讲。曾于家乡盱江旁创办盱江书院，人称"盱江先生"。其文风雄健，范仲淹称其文有"孟轲、扬雄之风"。范仲淹久仰其名，故而文章写好后特地请他提提意见。李觏的意见只改了一个字，但是却提得十分到位。

李觏认为，文章对于严子陵的评价十分恰当，尤其是篇末的十六字歌，充分表达了作者对严先生的敬仰之情，以"云山江水"来比喻严子陵的高风亮节，气魄十分宏大，令人叹服："于义甚大，于词甚溥。"溥，是广大、普遍的意思。严子陵对社会、对历史都产生了深远的影响，他的作为改变了一代风气，远远超出了私德的范围，以"德"字来承接，显得格局太小，与上文的气势不配，"乃似趑趄"。"趑趄"是一个象声词，用来形容格局狭隘，气度局促。李觏认为应该从更高的层面来定义严子陵的历史地位和历史影响。

孔子云："君子之德风，小人之德草。草上之风必偃。"[1]君子的作为对老百姓有示范作用，可以带动和改变一个地方、一个时代的风气。因此，他建议将"先生之德"改为"先生之风"，以彰显严子陵对于当时和后世的影响。范仲淹认真地想了想，觉得李泰伯的意见实在太好了，将"德"改成"风"，文章的着眼点就从歌颂严子陵上升为歌颂一个时代，整篇文章的境界也随之升华了，想到这里，范仲淹简直要对他下拜了。

范仲淹拜"一字师"的故事，宋朝就已经有记载了，除了洪迈的《容斋五笔》以外，还收入《范文正公集·言行拾遗事录》，陈世崇的《随隐漫录》和谢枋得的《文章轨范》也记载了这件事，将其收入的明清笔记著作则有谢榛的《四溟诗话》、陆以湉的《冷庐杂识》、袁枚的《随园诗话》、俞樾的《湖楼笔谈》等等。

"海不辞水，故能成其大；山不辞土，故能成其高；明主不厌人，故能成其众；士不厌学，故能成其圣。"[2]再高的山，也是由一粒粒土石堆成的；再广袤的海洋，也是由一滴滴的水滴汇聚成的。只有不断地学习，才能成为圣人。范仲淹十分明白这个道理，所以他保持了一辈子虚心好学的态度，从善如流，终于成为"天地间第一流人物"。

"天王" 柳永在睦州

苏东坡在翰林院上班的时候，有一天问身边一个很会唱歌的人：我的歌词和柳永的歌词相比有什么不同呀？这个人回复得很有意思，他对苏轼说："柳郎中的歌词只能让十七八岁的小姑娘，手中拿着打拍子的檀板，低声吟唱'杨柳岸，晓风残月'；而苏学士你的词，则必须请彪悍的关西大汉，举着熟铁做成的唱板，齐声高唱'大江东去'。"苏轼听了，不禁笑倒。①

这个故事虽然是对苏、柳二人创作风格的评论，但是也可以看出柳永在当时的巨大影响，所谓"凡有井水处，皆能歌柳词"，这话是南宋文人叶梦得听一位西夏的归朝官说的，说明柳永的影响已经波及邻国了。

柳永（约 987—约 1053），是宋仁宗年间"天王"级别的流行歌曲作家，时人将之与赫赫有名的大家苏轼相提并论，苏轼自己也知道这件事情。

苏轼对柳永是很尊重的，评价也很高，他说："人皆言柳耆卿词俗，然如'霜风凄紧，关河冷落，残照当楼'，唐人佳处，不过如此。"

①〔宋〕俞文豹《吹剑录》：东坡在玉堂，有幕士善讴，因问："我词比柳词何如？"对曰："柳郎中词，只好十七八女孩儿，执红牙板，唱'杨柳岸，晓风残月'；学士词，须关西大汉，执铁板，唱'大江东去'。"公为之绝倒。

077

柳永在创作上虽然取得了很高的成就，但是他的科举之路却很不顺，接连考了几次都没有考中进士。有人说，是他平时生活作风不检点，经常出入青楼，有损士风。时人叶梦得《避暑录话》有记载说："（柳永）为举子时，多游狭邪，善为歌辞。教坊乐工每得新腔，必求永为辞，始行于世，于是声传一时。"即使到了汴京赴考，秦楼楚馆这些地方他还是没有少去，以至于妓女们甚至把他当成吃饭的靠山，是柳永源源不断地给她们创作新词，才保证了她们的"业务兴旺"。据说旧时妓院中供奉柳永之像，拜他为青楼行业的恩人；而妓院卖身的传统也逐渐向卖艺转变，青楼女子转成有才艺的艺伎了。这一段故事被明代大文学家冯梦龙写进了白话小说集《喻世明言》中，题曰《众名姬春风吊柳七》，由此成为一段风流佳话。

也有人说是柳永无意之中得罪了仁宗皇帝，才耽误了自己的前程。

宋仁宗是个有文化的皇帝，洞晓音律，早年非常喜欢柳永的作品，但是登基掌权之后，他更加注意儒家圣贤思想的建设，对于柳永那些浮艳通俗的词就逐渐看不惯了，后来读到柳永《鹤冲天》词中"忍把浮名，换了浅斟低唱"的时候，很不高兴，说："既然你想要'浅斟低唱'，那还要浮名干什么？"于是御笔一挥，将柳永的名字从进士的金榜上划掉了。

宋人胡仔的《苕溪渔隐丛话》中也有类似的记载——

柳三变，字景庄，一名永，字耆卿，喜作小词，然薄于操行。当时有荐其才者，上曰："得非填词柳三变乎？"曰："然。"上曰："且去填词。"由是不得志。日与猲子纵游娼馆酒楼间，无复检约。自称云："奉圣旨填词柳三变。"

仕途无望，柳永索性来一个破罐子破摔：既然你皇帝老儿要我去填词，我就顺坡下驴"奉旨填词"好了。

这些当时就已经流传的"段子"，难辨真假，但是柳词的通俗、浮艳以及柳永作为一个读书人的功名志向则是可以肯定的。明道二年（1033），刘太后驾崩，仁宗始得亲政，于景祐元年（1034）特开恩科，对多年未考取的沉沦之士放宽录取条件。得知这一好消息，柳永从鄂州奔赴京师赶考，是年春闱，柳永与兄三接同时考中进士，这一年柳永已经快五十岁了。对于这迟来的荣耀，柳永欣喜不已。他晚年释褐，被分配到睦州担任团练推官，虽然只是个从八品的小官，但总算是加入"公务员"的行列了。

景祐二年（1035）二月，柳永从京师汴梁启程，赶往睦州赴任，路过苏州时，他特地去拜访了正在苏州任知州的范仲淹。范仲淹前一年在睦州担任了半年知州，下半年才调到苏州任职。

柳永晚年得官，因此十分珍惜这来之不易的机会，工作兢兢业业，恪尽职守，得到上司的好评。睦州知州吕蔚很器重他，也同情他的坎坷遭遇，吕蔚及时向朝廷举荐，但因为朝臣的反对而没有成功。这件事还引发了一场考核制度的改革。

据宋人叶梦得《石林燕语》一书的记载，柳永担任睦州推官才一个多月，知州吕蔚就向朝廷打报告，推荐柳永升职。但吕蔚此举却受到了御史郭劝的质疑。

郭劝认为，柳永到任才一个多月，能取得多大的政绩？这样贸然举荐，实在不妥，其中怕有吕蔚的私人感情。为此，朝廷专门下了中央文件，规定州县基层官员必须经过考核才能被举荐，后来成为一条制度。

郭劝的说法当然是有理由的，不过联系到后来柳永在基层辗转九年，长期沉迹下僚而不得升迁，最后不得不向朝廷申诉，在当时主持朝政的正直大臣范仲淹的帮助下才得以升任著作左郎的遭遇来看，吕蔚举荐受阻绝不是偶然的。

柳永在睦州待了三年，景祐四年（1037），五十多岁时调任余杭县令，政声很好，深得百姓爱戴，他的事迹被编入地方志中，列为名宦。但在严州方志中，范仲

叶梦得《石林燕语》
载吕蔚举荐受阻事

范文正公謫睦州過嚴陵祠下會吳俗歲祀里巫迎神
但歌滿江紅有桐江好烟漠漠波似染山如削遶嚴
陵灘下鷺飛魚躍之句公曰吾不善音律撰一絕迎
神曰漢包六合網英豪一箇冥鴻惜羽毛世祖功臣
三十六雲臺爭似釣臺高吳俗至今歌之
太祖皇帝將營外城幸朱雀門親自規畫獨趙韓王普
時從幸上指門額謂普曰何不祇書朱雀門須著之
字安用普對曰語助太祖笑曰之乎者也助得甚事
一歲潭州一巨賈私藏蚌胎為關吏所搜盡籍之皆南
海明胎也在仕無不垂涎而下輕其估
悉自售為唐質蕭公介時以言事謫潭倅分珠獄發
奏方入仁宗預料謂近侍曰唐介必不肯買案具奉
覈上覽之果然真所謂知臣莫若君也

湘山野錄中

文莹《湘山野录》载范仲淹被贬过严陵滩事

淹及柳永的事迹失载，难知详情，好在北宋僧人文莹记
有一段故事，可以填补这一空白。

话说范仲淹因为反对宋仁宗废黜郭皇后，被贬到睦
州来做官。官船经过严陵滩（又称七里滩、七里泷）的时候，
刚好碰到当地人举行迎神赛会，大众齐唱《满江红》，
"桐江好，烟漠漠"，十分热闹。范公说，我不懂音律，
不会填词，就写一首诗送给你们吧："汉包六合网英豪，
一个冥鸿惜羽毛。世祖功臣三十六，云台争似钓台高。"
这首诗至今还在那一带流传。

这则笔记涉及两位作者，一位当然是范仲淹了，还

有一位就是睦州人举行迎神赛会时唱的那首《满江红》的作者。经核对，正是时任睦州团练推官的柳永。这首《满江红》的原文如下——

> 暮雨初收，长川静，征帆夜落。临岛屿，蓼烟疏淡，苇风萧索。几许渔人飞短艇，尽载灯火归村落。遣行客、当此念回程，伤漂泊。　桐江好，烟漠漠。波似染，山如削。绕严陵滩下，鹭飞鱼跃。游宦区区成底事，平生况有云泉约。归去来、一曲仲宣吟，从军乐。

从"桐江""严陵滩"等地名和烟波山削、鹭飞鱼跃的环境描写来看，此词当作于睦州无疑。范仲淹贬任睦州是景祐元年（1034）正月，当年六月即调任苏州知州，而这一年秋天柳永刚刚考取进士，第二年才被任命为睦州团练推官，经过苏州时，他还特地去拜访了时任苏州知州的范仲淹，并有《瑞鹤仙》词献上，到得睦州时已经是一两个月之后了。因此，文莹的记载明显有误。

文莹上距范、柳二人的生活年代虽然不过三四十年，但由于古时信息流通不畅，《湘山野录》一书所记多有讹误失实之处，对此前人早已指出。文莹将两位名人的睦州事迹汇合在一起，虽然出于"好心"，美则美矣，但是时序颠倒，与史实不符。

从词中所描绘的"蓼烟疏淡，苇风萧索"的清秋气象以及"伤漂泊""归去来"所透露出的失望情绪来看，这首词应该作于当年九月。得知吕蔚举荐受阻之后，柳永的心情不是太好。不过这首词在写景方面十分出色。

你看，天色晚了，江上打鱼的渔船载着满仓的鱼儿和满船的渔火回来了，"渔人飞短艇，灯火归村落"。"波似染，山如削""烟漠漠"，则抓住了桐江山水的特色，难怪睦州百姓要将这首词作为祭神的歌曲了。

柳永是北宋俗词的代表，词因他从文人的小圈子中重新回归到市井里巷当中，他以不俗的手法写出了世俗的风情，被时人誉为词中之史。

宋人黄裳就认为，柳永的词作能反映仁宗嘉祐年间

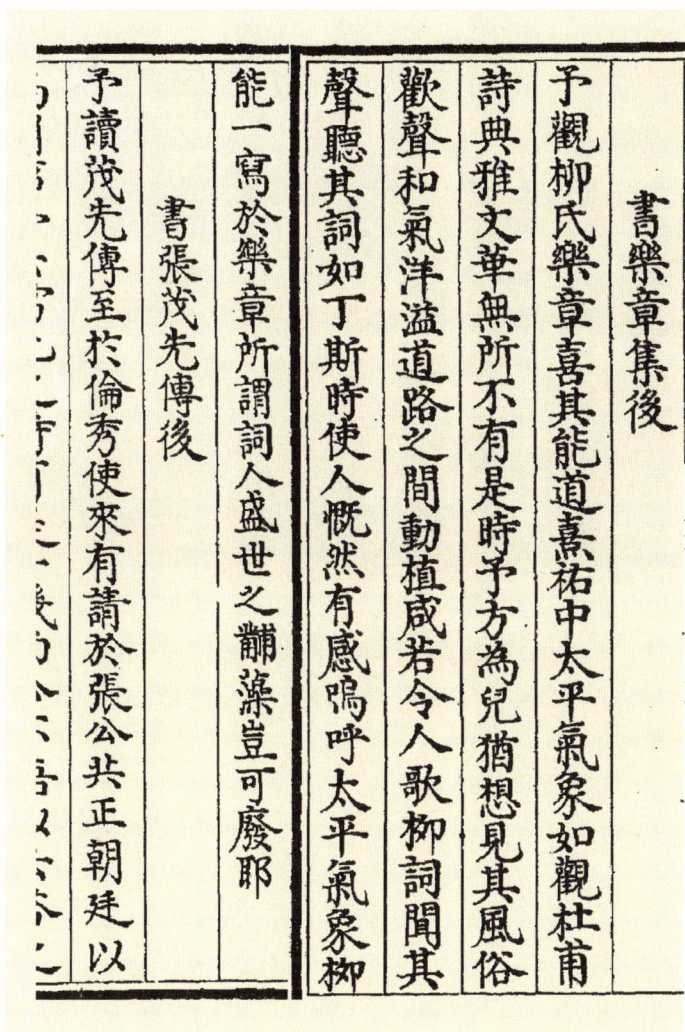

書樂章集後

予觀柳氏樂章喜其能道嘉祐中太平氣象如觀杜甫詩典雅文華無所不有是時予方為兒猶想見其風俗歡聲和氣洋溢道路之間動植咸若令人歌柳詞聞其聲聽其詞如丁斯時使人慨然有感鳴呼太平氣象柳能一寫於樂章所謂詞人盛世之黼藻豈可廢耶

書張茂先傳後

予讀茂先傳至於倫秀使來有請於張公共正朝廷以

黄裳《演山集》载其评柳词

（1056—1063）的太平气象，有如读杜甫那些反映现实的诗歌，柳词风格典雅而朴实，内容十分丰富。黄裳说，那时他还是个不懂事的孩子，但也能听懂歌词中的意思。可见柳词通俗易懂，深受普通民众的欢迎，路上到处都能听到柳词的歌声。柳永的创作能够及时地反映和记录一个时代，这是他对时代最大的贡献。

将柳词与杜诗相提并论，这个评价可谓空前，从柳词的通俗性和现实性来看是切合实际的。南宋人项平斋则直接喊出了"学诗当学杜诗，学词当学柳词"的口号，可见柳词在当时受欢迎的程度。

柳永在睦州三年，时间不可谓短，然而留下的史料却很少。或许过了"五十而知天命"的年纪，"浮名"已经不在话下，他只想在政治上做出点成绩来。少了些风流韵事，多了些循规蹈矩，因此才有后来在余杭知县和定海盐监任上的政绩。他被当地方志尊为"名宦"，真的应了"前半生是浪子，后半生是名宦"那句话了。

柳永的《满江红》被睦州的老百姓用到了神圣而喜庆的迎神赛会活动中，充分说明这位"天王"级别的流行歌曲作家受到了平民大众的欢迎与喜爱。睦州山水幸运，能够与柳永和范仲淹这样超一流的词人、诗人结缘，这成为睦州一笔珍贵的文化财富，我们要永远传承下去。

乌龙山上的猴群

被称为"铁血宰相"的章惇，晚年政治失意，被贬到山区睦州"居住"。那时候，没有如今的干休所和招待所，退下来的章惇也只能屈尊住到城北乌龙山的寺院里。

乌龙山是昱岭山脉的分支，高达 900 多米，方圆百余里，自成山系，由于紧临大江，拔地而起，山势显得格外雄伟。山上林木葱郁，植被良好，盛产木材、毛竹、茶叶和生漆，还出产各种药材，多达 700 余种。范仲淹

乌龙山雪韵

任职睦（严）州时，有《游乌龙山寺》的诗，还写有"乌龙山霭中""春山半是茶""满山芝术长灵苗"等描写乌龙山的诗句。

乌龙山又是一座宗教名山，山上有东晋道士许逊的炼丹坪和唐代佛教禅宗的各种遗迹。唐代诗人刘长卿贬谪睦州时，在乌龙山下建过碧涧别墅，和山上修炼的道士、禅师多有来往，留下了许多有名的诗篇。

乌龙山西侧有乌龙岭，是严州城通往北方的官路要道；乌龙山南麓有供奉乌龙山神的乌龙庙，掩映在一片郁郁苍苍的万松林中。乌龙岭和乌龙庙都被施耐庵写进文学名著《水浒传》中，天下驰名。

大概是山上的植被太过丰厚的缘故吧，不时有成群结队的猴子前来骚扰，章惇不胜其烦，就派了人把闯祸的十几只大猴子抓了起来，再用绳子捆紧，以防他们逃跑。谁知他的做法惹恼了猴群，一下子从乌龙山的背后来了几千只青猴大军，它们抢走了"被俘"的猴子，呼啸而去，看到的人都大惊失色，不敢靠近。

这一段糗事被与章惇同时代的文人叶梦得记录在《避暑录话》一书中。①

叶梦得（1077—1148）是宋代的重要词人，担任过翰林学士、户部尚书等重要职务，其词风婉丽，开辛词先声。晚年隐居湖州石林，因号石林居士，著有《石林燕语》《石林词》《石林诗话》等书。《避暑录话》是他晚年退居石林时与两个儿子和门生徐度于山中"泉石深旷、松竹幽茂处"谈论古今杂事、读书避暑之作，其书史料价值颇高，于考证制度、订正史误皆有帮助。

章惇（1035—1106），字子厚，建宁浦城（今属福建）人，北宋中期政治家、改革家，出身世族，相貌俊美，博学善文，高傲自负，是一个很有个性的人，曾被封为申国公，故被尊称为"章申公"。嘉祐二年（1057）考中进士，但是因为族侄章衡名次在他之前，他觉得这是对自己的羞辱，竟然将朝廷颁发的录取通知书扔在地上，扬长而去。两年后他再来参加考试，果然中了一甲第五名，府试第一，这才高高兴兴地上任做官去了。他的官也越做越大，最后当上了宰相，文治武功都有值得称道之处，是一个成就和错误、优点和缺点都十分鲜明的人，犹如他的前辈王安石，在当时和后世都有很大的争议。他攻击过苏轼，但当苏轼面临灭顶之灾的时候，他又挺身而出，在神宗皇帝面前为苏轼说好话，把苏轼从鬼门关前拉了回来。后人称章惇为"铁血宰相"。

作为北宋中期的代表性人物，章惇深深地陷入新旧党争的政治泥潭之中。随着徽宗赵佶的登基，原先反对赵佶继位的章惇的好运也到头了，好在他还有自知之明，主动要求外放去当地方官，遂贬任越州知州。崇宁元年（1102），再贬舒州（今安徽安庆）团练副使，睦州居住。这一年，昔日的风云宰相已经是快70岁的老人了。拖家带口来到睦州山区，在乌龙山上的一座寺院里安下身来。

"居住"是在指定的地区居住，不得随意迁徙，是对犯罪官员的一种较轻的处理。章惇"居住"睦州，身边带有小妾和一大帮奴仆，这个小妾还闹出一段风流韵事来。从此看来，除了政治上不得意之外，章惇的生活还是过得去的。

猴子的生存繁衍必须有良好的居住环境、充足的食物来源才能得到保证，几千只大猴子需要多大的森林植被才能满足呀！可以想象当时乌龙山古木参天的样子。

唐代杜牧对睦州的描述是"万山环合，才千余家。夜有哭乌，昼有毒雾"[1]，犹如原始森林，到处都是"有家皆掩映，无处不潺湲"[2]的景象，可见当时的睦州生态环境尚处于未曾开发的原始状态。

章惇在乌龙山遇猴的事也得到了同时代人王铚的证实。王铚在他所著的《默记》一书中说——

> 世言章申公在睦州遇猿事，时方通为守，实然也。云有大猿数十，章遂使人擒而缚之。忽于乌龙山后突出数千大青猿，解缚夺而去之，人皆莫敢近。余晋仲目击。

连目击者的姓名都记录下来了，可谓亲历亲见亲闻的"三亲"史料，绝非虚构。

王铚是著名学者王昭素之后，汝阴（今安徽阜阳）人，其父王萃曾经师从文学大师欧阳修。王铚少而博学，南渡后寓居剡中（今浙江新昌），绍兴初年任迪功郎，后任枢密院编修官，晚年遭秦桧排挤，避居剡溪山，以诗词自娱，世称雪溪先生。王铚与叶梦得是同时代人，上距章惇生活的北宋中后期也不远，所以他的记载应该是靠得住的。

在乌龙山，晚年的章惇还闹出了一段风流韵事。

原来章惇有一个侍妾叫作蒨英，长得十分水灵，深受章大人的宠爱。一天，章惇的儿子章援从外地赶来睦州探望父亲，不免在居住的乌龙寺参观一番，忽然在和尚居住的僧房里看到了一把父亲惯常使用的玉界尺，章援知道这把玉界尺是父亲的心爱之物，他十分熟悉，但是怎么会出现在和尚的桌子上呢？问了跟随的人员，丫鬟们都说，蒨英与和尚私通已经很久了，这把玉界尺就

①〔唐〕杜牧：《祭周相公文》。
②〔唐〕杜牧：《睦州四韵》。

章申公在睦州暮年有妾曰蒨英有殊色公寵嬖之一
日其子援至所居烏龍寺僧房有玉界尺在案上乃公
所愛因究其所從羣婢共言與僧通已久公怒令爲纍
婢布衣執纍而已未嘗筆也而罪羣婢不能防閑縛而
盡箠之蒨英既執纍請令十二縣君供過乃援妻也縛
其僧筆而送郡其供出事目如牛腰卽械送獄郡守方
通親鞫而巫斷之杖其背廳事震動而僧不動如山蒨
英執纍四十日衣微申公思之令援曰十二縣君不須
出令蒨英依舊伏侍蒨英却著舊衣蒨英堅不肯著呼
至前日相公送之至州縣則送之蒨英不著好衣不伏侍
相公蒨英寧死爾言訖吞氣立死
世言章申公在睦州遇猿事時方通爲守實然也云有

王铚《默记》载章惇晚年事

是蒨英送给和尚的。

　　章惇听了汇报，勃然大怒，将这个给他戴上绿帽子的花和尚送官追究，但是对这个"拖野老公"的漂亮妇人却从宽处理，只是"下放"到厨房里去做几天烧火丫头了事，也没有打她。章惇对自己心爱的女人下不了手，却把气都撒到了干活的"群婢"头上，怪她们没有及时"防闲"，婢女们因此一个个都被打得皮开肉绽，实在是够冤的。

　　那位奸夫"花和尚"被送到衙门后，睦州刺史方通对这起案件十分重视，亲自升堂审理，从重从快处理。方通在公堂上吩咐衙役狠狠地用刑，连厅堂都震动了，可是这个和尚居然一声都不吭。

蒨英在厨房里烧了 40 天的火，衣服也搞脏了，变旧了，章惇看着可怜，对儿子章援说，让蒨英换上原来的衣服，仍旧回来照料他的生活起居。谁知蒨英死活也不肯换衣服，把她叫到章惇面前，她也说："相公要把我怎么处置都可以，爱送县就送县，爱送州就送州，但是我决不再穿好衣服，也不愿意再服侍相公。蒨英宁可死！"说完，一口气接不上来，真的就死了。

今天看来，这个侍妾蒨英真是一个敢作敢当的女人，为了追求自己的幸福，不惜违背世俗，不贪图富贵，为爱情而死，是一个值得钦佩的烈女子。

王君仪料事如神

王升（1053—1132），字君仪，北宋末年人，博览群书，精通《仪礼》《周易》之学，是个饱学之士，但一直不肯出来做官。

建中靖国元年（1101），王升前往京城开封，拜访陆佃，请教礼、易之学。王升的才华深受陆佃赏识，陆佃极力请他出来做官，为国效力。第二年，王升以学行优秀的名义被推出任湖州教授，后又转寿州教授、婺州教授，但干了不久就罢官归去，闭门在家二十年，不参加朝廷的选调。

直到快六十岁时，大概因为家中经济困难吧，王升才不得已到京师去谋一官半职。在汴京耽搁了好几个月，他已经十分厌倦，正准备回老家的时候，徽猷阁左丞薛昂向朝廷推荐了他的一本礼学专著——《冕服书》，他因此才得到一官，后转任明堂司常。宣和七年（1125），王升以待制的名义致仕，返回睦州。

王升师从张葆光学《易》，著有《易说》一书，有自己的创见和发现。

张葆光名张弼，字舜元，福建仙游人，当过福州司户参军。《仙志·儒林传》说他恬淡好学，尤其致力于《易经》的研究，用力三十年。绍圣（1094—1098）初年，有大臣向朝廷献上他的《易解》一书，他因此被赐号"葆光居士"。《易解》一书今已失传。

高宗建炎二年（1128），金兵长驱南下，一路势如破竹，高宗仓皇逃窜，金兵穷追不止。建炎三年（1129）十二月，临安陷落，钱塘令朱跸战死，高宗登上海船，逃往温州、台州沿海；越州（今浙江绍兴）、明州（今浙江宁波）很快为金兵所破，天下震动。与临安百里之遥的严州危在旦夕，人心惶惶，大户人家纷纷携家带口往山中躲避，乌龙山上也来了许多避难的人。

方勺《泊宅编》载王升生平事迹

乌龙山

　　乌龙山位于州城之北，高临三江口，拔地而起，十分雄伟，是严州的镇山。山上道观、寺院很多，是一座宗教名山。王升十分喜爱这里的环境，就一直住在山下。面对躁动的人心，他对大家说：“金兵绝不会侵犯严州，来了也会大败而归。从此之后，再也不会渡江南下了。”为了表示对形势的自信，他在乌龙山下大兴土木，盖筑新房。百姓们见王升镇定的样子，都放下心来，不去逃亡了。

　　后来，金兵元帅兀术侵犯严州时，在桐庐山下中了严州人钱岂、钱鬶的埋伏，死伤很多，连兀术的小妾也被杀了，金兵狼狈而逃，正应了王升的预言。从此之后，金兵再也无力南侵，宋金之间的力量相对平衡，各守边境，南宋虽也几次计划北伐，但都未能成功。

　　王升的史料流传很少，北宋人方勺《泊宅编》中有一段关于他的记载，算是最为详尽的了。

方勺（1066—？），字仁声，婺州金华（今浙江金华）人，一说严濑（今浙江桐庐）人，后寓居乌程（今浙江湖州）泊宅村，因自号泊宅翁。元丰六年（1083）入太学，后任虔州（今江西赣州）管勾常平。元祐五年（1090）自江西赴临安应试不第，直至晚年始得一官。为人淡泊名利，神情散朗。《泊宅编》一书所记多为宋仁宗至宋徽宗年间的朝野杂事，有许多出自作者亲历亲闻，史料价值很高，多为后人引用。

方勺与王升是同乡，因此他对王升的记录生动传神，为读者勾画出了一个大隐隐于朝的道家学者的形象。

王升和陆游一家有很深的交往。

陆游的祖上很"有些仙气"，远的不说，高祖陆轸、祖父陆佃就十分热衷于修炼，爱读甚至沉迷于道家经典。据陆游说，陆轸幼时，因家贫未能入学读书，七岁时，忽然作起诗来，而且"有神仙语"，旁人见了都十分惊异。陆轸后登第入朝为官，曾任吏部郎中，直昭文馆，赠太傅，晚年自号"朝隐子"，显然是套用"大隐隐于朝"的说法。

据说有一天退朝，陆轸忽见有仙人在空中行走，离地三尺，凭虚而行，不由大惊，急忙邀请仙人到家中做客，才知道是古仙人栖真子施肩吾。施肩吾传授他炼丹辟谷之术。陆轸死后，具体的修炼之术未曾留传下来，只传下一本研究著作《修心鉴》。

另一说，陆轸从四川任所归家，途中遇到施肩吾。施自称"方五"，陆轸说："先生就是隐居洪州西山修炼的施肩吾吧？"施肩吾见他有仙缘，就收他为徒，传授学道修炼之术。后来，陆轸出任睦州知州，而施肩吾正是睦州分水人，这也可以说是夙缘了。

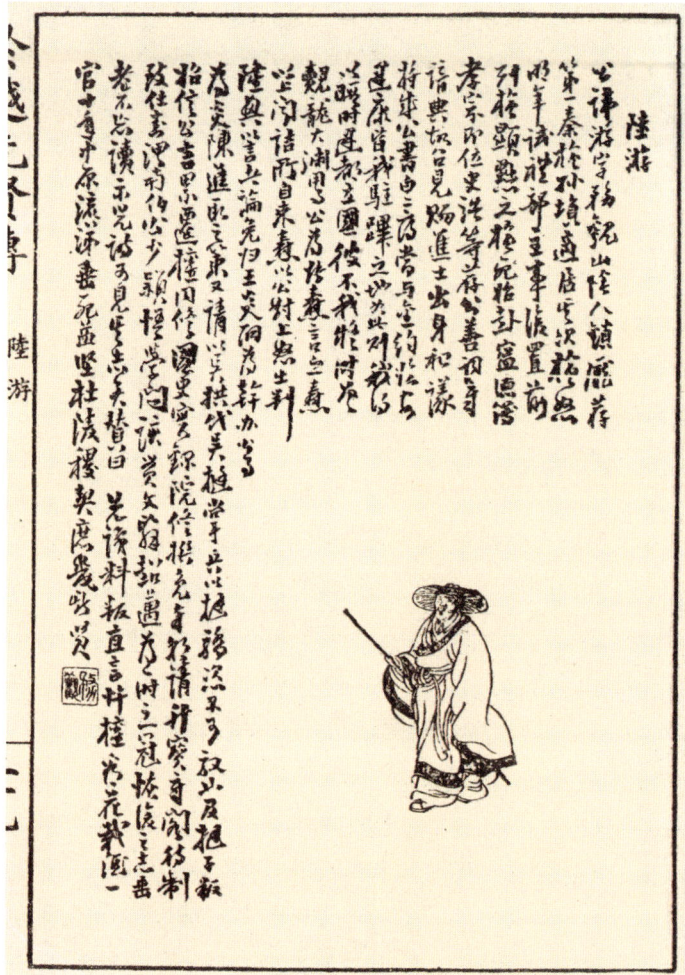

〔清〕任渭长《陆游行吟图》

　　陆游的祖父陆佃是一位饱学之士，精通礼仪，常参与朝中隆重的祭礼活动，爱好道家经典，并且很有研究，校注过《鹖冠子》《鹢子》等道家著作。陆佃对同样很有仙风道骨的睦州人王升很器重，与之结下了很深的情谊。

　　王升精通易学，精于占筮，每年元旦（大年初一）都要占一卦，以卜一年之事，预言灾祥凶吉，往往很灵验。

退休后，一直住在州城城北乌龙山下，绍兴二年（1132），卒于家，享年七十九岁。

王升善修行，能辟谷，即停食服药，行腹中之气，以达长生。相传汉初张良因体弱多病，助刘邦夺取天下后，即弃官随赤松子游，学辟谷之术，后得道成仙。辟谷也不是不吃任何东西，只是不吃五谷饭食而已，诸如药物、饮料还是要进食的，而且有一定的期限，有点像当今的饥饿疗法。

王升的朋友葛胜仲有写王升辟谷的三首诗，首题为《近蒙明堂使局赐酒，元巳日与诸僚会饮城东，王君仪（升）先生辟谷，独不敢召，以二尊为寿》。上级赐下美酒，想邀老友同饮，但因为王升正在修辟谷之术，"不敢召"，只能敬（送）上两杯酒，祝他辟谷成功，健康长寿。第三首题为《君仪再和，复次韵答之》，诗云——

> 醪敷映玉浪吹香，未饷征君敢独尝。
> 瓮下无人容借饮，壶中有客共深藏。
> 歌呼仅可供颊颏，酩酊那忧共腐肠。
> 好似东皋求待诏，三升日给酝偏良。

诗中称王升为"征君"，说明王升是朝廷礼聘征召而来的高士。诗题称"再和""复次韵"，可知王升已经和过两次葛胜仲的赠酒诗了，同题唱和，三遍之多，足见情谊之深。

王升博学之士，著有《易说》和《冕服书》二书，前者为易学著作，后者为礼经研究著作。从上述葛胜仲的唱和之作来看，王升还能诗，但都失传了。遍查《全宋文》《全宋诗》《全宋词》，都没有发现王升的作品，实在令人遗憾，这使后人失去了一个了解他的机会。

陆游为王升《易说》一书写过一篇跋文，收入陆游《渭南文集》，赖以传世，虽然区区几十个字，但"端居于严"的生动描述再现了王升从容镇定、蔑视虏骑的神态，文字不长，特抄录于下——

王公易学，虽出于葆光张先生，然得于心者多矣。建炎间，胡骑在钱塘，明、越俱陷。王公端居于严，曰："虏决不至此，且狼狈而归，自此穷天地不复渡江矣。"其妙于《易》数盖如此。

淳熙丁酉（四年，1177）元日，山阴陆某书于锦官阁下。

此文作于陆游五十三岁任职成都之时。锦官是成都的别称。汉时，成都所产蜀锦闻名天下，朝廷在此设锦官管理，因而称为"锦官城"（简称"锦城"）。大诗人杜甫《春夜喜雨》诗有"晓看红湿处，花重锦官城"之句。锦官阁当在成都城中。

王升有如云中之龙，见首不见尾，令人怀念。

临风吹笛的喻陟

　　一提到吹笛，就会使人想到古代传说中萧史和弄玉的故事。

　　据汉代刘向《列仙传》一书的记载，善于吹箫的萧史是秦穆公时候的人，居住在高高的华山上，他的箫声可以传到几百里外的秦王宫里，山中的孔雀和白鹤听到他的箫声也会翩翩起舞。

　　秦穆公有一个喜欢吹笙的女儿弄玉，她在王宫里听到了萧史的箫声，十分爱慕。秦穆公就派人前往华山寻访，找到了萧史，把弄玉许配给他，并且为他们建造了凤台居住。夫妇俩悠扬的笙箫之声引来了天上的凤凰，凤凰召来了百鸟，百鸟和鸣，一片吉祥之象。

　　几年后，萧史和弄玉在一个风清月白的夜晚乘着凤凰仙去。后人根据这个美丽的传说创作出了《凤凰台上忆吹箫》的词牌名。

　　箫源于远古时期的骨哨，历史上也称为笛，唐以后才专指竖吹之笛。因此，萧史吹的箫就是上古的笛子。由于笛子音色嘹亮，很早就被纳入宫廷音乐和军乐中，统称之为"横吹曲"。宋人郭茂倩在《乐府诗集》一书中介绍说:"横吹曲,其始亦谓之鼓吹,马上奏之,盖军中之乐也。"

因为是"军中之乐",所以笛子常常出现在边塞题材中:"羌笛何须怨杨柳,春风不度玉门关。"[1] "回乐峰前沙似雪,受降城外月如霜。不知何处吹芦管,一夜征人尽望乡。"[2]吹的都是边塞之情。

悠扬的笛声中寄托着诗人无尽的思乡之情:"谁家玉笛暗飞声,散入春风满洛城。此夜曲中闻折柳,何人不起故园情?"[3]赵嘏因为"残星几点雁横塞,长笛一声人倚楼"一联,受到杜牧的激赏,被誉为"赵倚楼"。

〔宋〕周文矩《庭院吹笛图》

①〔唐〕王之涣:《凉州词》。
②〔唐〕李益:《夜上受降城闻笛》。
③〔唐〕李白:《春夜洛城闻笛》。

笛声不仅能激起故园之情，还能抒发沧桑之感，如宋人陈与义《临江仙》："忆昔午桥桥上饮，坐中多是豪英。长沟流月去无声，杏花疏影里，吹笛到天明。"作者选择笛声来作为岁月流逝的见证，于潇洒中见辛酸，于感叹中寄无奈。

杨荫浏先生在《中国古代音乐史稿》中说："横吹的笛，在鼓吹（横吹）中占有相当重要的地位，是从公元前一世纪末汉武帝的时候开始的。这可能和张骞由西域传入吹笛的经验和笛上的曲调有着关系。"

北宋时的喻陟也是这样一位临风吹笛的潇洒人物。宋人张邦基在《墨庄漫录》一书中有一则文字记录下了他临风吹笛、风流潇洒的神态。

喻陟字明仲。宋神宗元丰四年（1081），任首都开封府司录参军；哲宗元祐元年（1086），任福建提点刑狱；八年（1093），任湖北转运副使。其足迹遍及大江南北、黄河流域。提点刑狱掌一路的生杀大权，转运副使则掌管一路的财赋，监察百官，"持节数部"表明他是"替天巡狩"，是代表朝廷下来到各地检查工作的大官，所谓"奉旨出朝，地动山摇"，有财权、人权，是独当一面的大臣，权势极大，各地官员自会尽力拍马屁，金钱美女自会源源不断地送上门来，就看你要不要了。

喻陟的艺术修养很高，不仅写得一手漂亮的草隶，而且擅长吹奏长笛。外出巡察时从不前呼后拥，只是随身带上一支长笛，每到山水明丽之处，就会拿出来吹上几曲，以抒发心中那难以挥去的思乡之情。长笛的音色柔和、圆润，细腻动人，十分优美。

喻陟写过《马上吹笛》的诗，可惜没有传下来，只保留了老朋友张舜民的一首和诗："越客思归黯不平，闲持长笛写秦声。羡君气海如斯壮，博我词锋孰敢争？江上梅花开又落，陇头流水咽还惊。岂知不寐鳜鱼眼，独坐山堂对月明。"写出了喻陟临风吹笛、抒发乡愁的潇洒神态。

喻陟是在马上吹笛的。"马上临风"，衣带飘飘，犹如天宫中的神仙下凡；"快作数弄"，吹上几曲，响彻行云，令人想起引来凤凰的萧史。难怪老朋友张芸叟（舜民）称赞喻陟特别地风流潇洒（"殊风流萧散也"）。

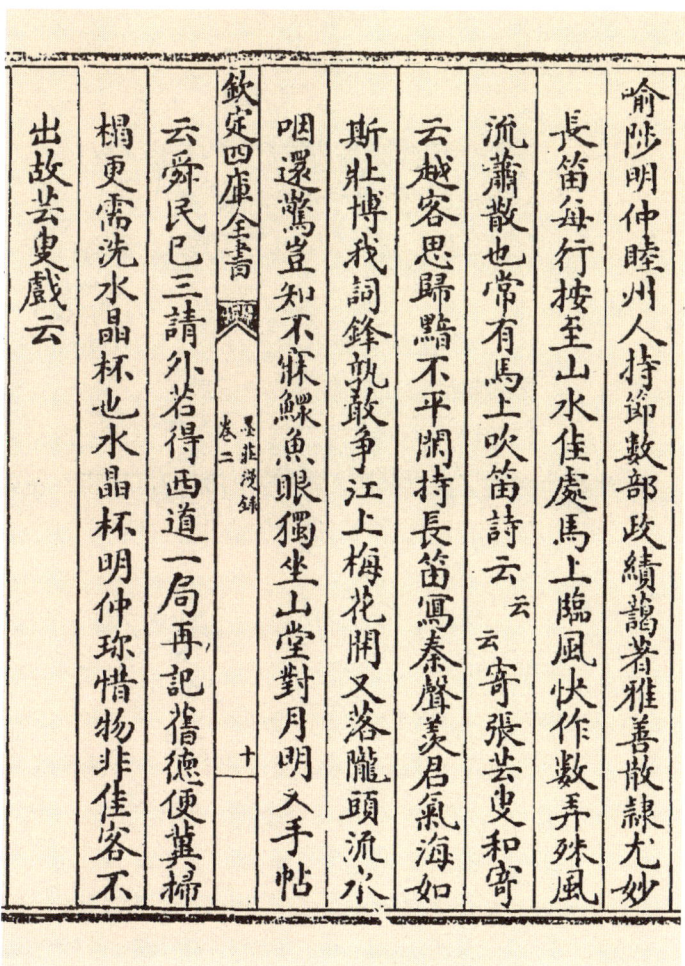

张邦基《墨庄漫录》卷二载喻陟临风吹笛事

张舜民字芸叟，治平年间（1064—1067）的进士，官监察御史、秘书少监，为陕西转运使，以敢于直言著称，北宋词人，有《画墁录》。喻陟《马上吹笛》的诗没有传下来，但是从老朋友张舜民的和诗中也可以看出一些端倪来。诗中提到的"秦声""梅花"都是与笛曲有关的典故。

"秦声"指秦地的音乐。李白《观胡人吹笛》："胡人吹玉笛，一半是秦声。十月吴山晓，梅花落敬亭。"

"梅花"，指笛曲《梅花落》。乐府《横吹曲辞》："羌笛有《落梅花》曲。"

"陇头"是与梅花有关的著名典故。陆凯是南北朝人，一次他给老朋友范晔写信，信里附了一首诗："折花逢驿使，寄与陇头人。江南无所有，聊赠一枝春。"

《墨庄漫录》书中还提到了喻陟准备拿出珍爱的水晶杯接待张舜民的事。书中记载的"手帖"，即便条，大概是写给一位朋友的，其中说到张舜民三次请求外放，终于得到了批准，因此喻陟早早地搞好卫生，备好床铺，尤为重要的是洗好那一套心爱的水晶杯，欢迎老朋友的到来。

不过，喻陟有一首《蜡梅香》词，颇能体现他对笛曲的理解——

晓日初长，正锦里转阴，小寒天气。未报春消息，早瘦梅先发，浅苞纤蕊。揾玉匀香，天赋与、风流标致。问陇头人，音容万里，待凭谁寄？　一样晓妆新，倚朱楼凝盼，素英如坠。映月临风处，度几声羌管，愁生乡思。电转光阴，须信道、飘零容易。且频欢赏，柔芳正好，满簪同醉。

词中出现的"瘦梅""羌管"等意象，都与笛曲的掌故有关。

宋人吴曾《能改斋漫录》一书也载有一个喻陟吹笛的故事。

当时江夏一带流传着一首署名"吕先生"的诗："黄鹤楼边吹笛时，白蘋红蓼对江湄。衷情欲诉谁能会，惟有清风明月知。"

吕先生相传为道教名人吕洞宾，据说他曾经在黄鹤楼边的一个石洞中修炼。洞中有吕洞宾雕像和香炉等修行之物，并有诗碑一块，碑上刻的就是这首诗，用草书

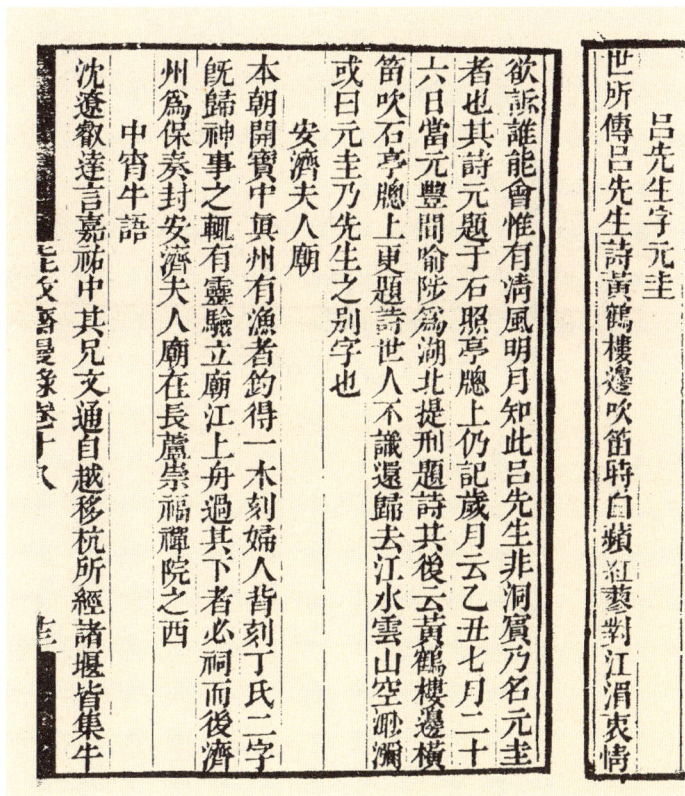

吴曾《能改斋漫录》卷十八载《吕先生字元圭》

写就，书法遒劲飘逸，狂放不羁，颇有仙气，落款为"纯阳道人"，即吕洞宾的别号，因此人称"吕仙洞"。

《全唐诗》将这首诗收在吕岩名下，吕岩即吕洞宾，题作《题黄鹤楼石照》，诗中"黄鹤楼边"作"黄鹤楼前"，"对江湄"作"满江湄"。"石照"即石照亭。

吴曾认为，此处的"吕先生"并非吕洞宾，而是宋人吕元圭。

吕元圭的诗题写在石照亭的窗户上，上面还有题诗的时间，为乙丑年七月二十六日，属元丰八年（1085），在喻陟到任前八年，时间完全吻合。喻陟见到这首诗，不禁技痒，也依其原韵写了一首："黄鹤楼边横笛吹，石亭窗上更题诗。世人不识还归去，江水云山空渺弥。"

对这段故事，宋人洪迈另有补充。

洪迈说，这个吕元圭是江夏的一个道士，平时经常到本地杨家人办的书院中和书生们聊天，常常能做出一些预言，并且都很准。有一天，吕道士忽然对书生们说，有一个恶人要来了，我要赶紧避一避。说完，飘然渡江而去，人们也搞不清楚他说的这个"恶人"是谁。

过了几天，时任提点刑狱的喻陟乘着官船从武陵悄悄地来到江夏，人们都不知道。喻陟一到江夏，马上派人寻访吕元圭，但是吕元圭已经走了，只找到和他有来往的一个书生岑文秀，讯问岑文秀吕元圭有没有东西放在他这里，岑文秀矢口否认，即便威胁他说要动刑，他也不改口。喻陟下令搜查他家，在神堂的墙壁中发现了一篇"吕先生"写的长歌，内容是写怎么样炼内丹的，岑文秀这才承认。吕元圭曾告诉岑文秀："这篇长歌的内容你现在还看不懂，将来慢慢就会理解的。"喻陟对大家说，这个吕先生就是吕元圭，"先生"二字从"元圭"二字演变而来。

吕元圭吹笛诗的意境深深地触动了善吹长笛的喻陟，他不仅步韵和了一首，还来到黄鹤楼边，临风吹奏，现场表演了一把，尽情抒发胸中的豪情和意气。

古有伯牙摔琴谢知音，喻陟苦苦追寻题吹笛诗的吕先生，他是在效仿古人寻觅知音啊！

严州山高水长，历来以佳山水闻名天下，自古以来，骚人墨客花费了多少笔墨讴歌严陵山水，但是只有到了宋代，范仲淹才第一个以"萧洒"二字对严陵山水做了传神的概括，他在这里一口气写下了《萧洒桐庐郡十绝》，而且在长篇叙事诗《和葛闳寺丞接花歌》中称睦州山水环境为"萧洒溪山"。

范公对睦州"萧洒溪山"的评价，实际上也包含着他对睦州民风、人物的赞美。

严州山不高而秀，水不深而澄，林不密而茂，石不怪而奇。"瑰奇特杰之观，潇洒清绝之气，独萃斯邑。"①严州历来多文学之士而少富商大贾。严人"尚气节而轻功名"，有子陵高士之风。清秀山水滋养的必然是潇洒风流的俊逸之士，哪怕是村夫野老，也如山中神仙；山姑农妇，也可扪虱而谈。难怪范公要说自己"谪官却得神仙境"了。喻陟临风吹笛的"行为艺术"，让我们看到了严州人为人处世的潇洒神态。

宋人陈岩肖《庚溪诗话》中记载有另一个严州士人的故事——

①〔宋〕余植：《建德县进士登科记》。

严陵一士人，忘其姓名，能诗，好为大言，而间有可取者，如《咏林影》曰："日月明方见，乾坤暗即收。"又《咏扇》曰："大柄如归手，蚊虻莫浪飞。"言皆类此，不能尽记也。

这位严州读书人的言行志向，从另一个侧面体现了严州人的风流潇洒，其口气之大、胆气之豪，显示了他对光明和正义的追求，对人生的抱负。

不仅读书人如此，连不识字的家庭妇女也有洒脱的魏晋之风。宋人庄绰《鸡肋编》中记有这样一件事——

尝泊舟严州城下，有茶肆妇人，少艾，鲜衣靓妆，银钗簪花，其门户金漆雅洁。乃取寝衣铺几上，捕虱投口中，几不辍手，旁与人笑语，不为羞，而视者亦不怪之。

这是一家茶馆店的年轻老板娘，头上插着银钗，耳边戴着鲜花，衣衫亮丽，打扮入时，绝对是一个赶时髦的青年妇女。古代交通全仗水运，严州城下三江交汇，是钱塘江上游的交通要道与水运枢纽，城南码头遍布，江上桅樯林立，码头上人头涌动，摩肩接踵，叫卖声此起彼伏，十分繁忙而热闹。这里是严州城的窗口和咽喉，茶楼酒肆鳞次栉比，是一个遍地是黄金的繁华之地，是一个"三年不涨大水，黄狗都要讨老婆"的黄金地段。可以想象在这样的繁华地段开一家茶馆店该是多么赚钱，因此这位年轻貌美的老板娘怎么打扮都不为过。但是这位老板娘吸引眼球之处并不在于她有多时髦、多阔气，而在于她行动举止的怪异，她敢于在人流密集之处，大庭广众之下，脱下内衣捉虱子，捉到一个就放在嘴里咬死，发出清脆的响声，并且还与人聊天，一点也不脸红，更让人觉得意外的是，旁人也不以为怪，看来早已司空见惯了。

文中虽然没有明说这位"少艾"的妇人是光着膀子在捉虱子，但从"不为羞"三个字看来，她确实是半裸着身子在大门口进行她的"行为艺术"的。

庄绰是北宋末年人，从这件事我们不仅可以看出当时的社会风气，妇女活得十分自由而浪漫，没有受到多大的压迫，也可以窥见当时严州潇洒的民风。

直到20世纪60年代，仍有山村妇女于暑天"赤膊上阵"，或司灶于厨下，或干活于堂前，"几不辍手，旁与人笑语，不为羞，而视者亦不怪之"，与九百多年前庄绰见到的情节如出一辙，严陵潇洒之风，至今犹存。

附录：

江夏有道人吕元圭，多游杨氏书院中，为人言事多验。一日，忽告曰："恶人将至矣，须急避之。"瞥然渡江去，人不知其所指何人也。是日提点刑狱喻陟自武陵至，鄂人皆不前知，盖巨舟乘便风径抵州岸。才至，即遣吏访吕，云已行，但得其往还者岑文秀，诘其所得，岑曰无有，喻加以声色，将笞之，其言如初。喻命搜其家，乃于神堂壁中见所与岑长歌一篇，言内丹事，岑方言吕实付此诗，云："汝今未晓，异日当详玩之。"喻曰："此即吕先生也，其名元圭，盖拆先生二字耳。"众始悟恶人之说，是恐喻逼迫求之云。

——《夷坚志补》卷十二《吕元圭》

乌石寺岳飞题名

严州山石多乌黑色，因此多有以"乌石"为地名者，如乌石塘、乌石山、乌石滩、乌石关，还有乌石寺。

乌石寺在严州的名声很大，因为它和抗金名将岳飞有缘。

宋人罗大经《鹤林玉露》一书记载，严州乌石寺在高山之上，寺院中保留着岳飞、张俊、刘光世等三位抗金名将的题词。刘光世不能（会）写字，让侍妾意真代笔。诗人姜夔见了，十分感慨，写下了一首诗：

①〔宋〕罗大经：《鹤林玉露·乙编》卷六《乌石题名》：严州乌石寺在高山之上，有岳武穆飞、张循王俊、刘太尉光世题名。刘不能书，令侍儿意真代书。姜尧章题诗云："诸老凋零极可哀，尚留名姓压崔嵬。刘郎可是疏文墨，几点胭脂浣绿苔。"

> 诸老凋零极可哀，尚留名姓压崔嵬。
> 刘郎可是疏文墨，几点胭脂浣绿苔。①

严州有两处乌石寺：一在州城下游乌石滩下的山上，一在寿昌和龙游交界处的乌石山上。

据明《万历严州府志》记载："灵石寺在（建德）城东十五里守禄村，旧名灵石院，一名乌石寺。五代梁时长守禅师开山，宋建中靖国元年知州马圲改今名。旧有张、韩、刘、岳题。"这段记载即依据罗大经的文字

〔宋〕中兴四将像图（局部）

而来，但在岳、张、刘之外增添了一个韩世忠，这样一来，中兴四大将就齐了。

中兴四大将又称"南宋四大将"，是后人对南宋初年四位抗金名将的统称。

州城下游的乌石寺是灵石院的别称，乌石寺之名系从不远处的乌石滩衍生而来，而寿昌（寿昌为严州属县）和龙游交界处有一座乌石山，山上有一处乌石寺，岳飞等人游览题名的乌石寺极有可能在这里。

据《龙游县志》记载，乌石山在龙游县境内，即龙游县北五十里下宅乡，"山如削铁，悬瀑千仞"[1]，唐代大和元年（827）建招庆寺，为龙游名刹。因建在乌石山上，故又名乌石寺。

乌石山与寿昌县（今属建德市）梅岭接壤。梅岭又称梅峰，在一片平冈逶迤的低矮丘陵中显得十分突兀，

[1]〔宋〕周必大：《乌石山题词》。

与乌石山形成对峙的双峰。南宋时，这里是国都临安通往福建、四川、江西、两湖、两广、八番乃至海外诸国的交通要道，地势十分险要，因此在此设立了关隘梅岭关，屯兵把守，并且设有梅岭铺，以接待来往的官员、驿使，相传岳飞曾经屯兵于此。元代时还保留有戍守的军队，明代设有上梅巡司，后改为梅岭寨、西坞寨。

明《万历严州府志·山川·寿昌县》记载："梅岭，在县西南四十里。宋都临安时，此为四方通道，古有梅岭铺。"《寿昌县志》则说："梅岭在县西南四十里，平冈逶迤，与龙游接壤，古有梅岭铺。南宋都临安时，岳武穆曾驻兵于此。明初，有垒号西坞寨，盖通衢道也。"从此看来，当年几位抗金名将在此聚会是完全可能的。

《宋史·列传第一百二十八》对中兴四将做过一段评论，讲得十分到位："南渡诸将以张、韩、刘、岳并称，而俊为之冠。然夷考其行事，则有不然者。俊受心膂爪牙之寄，其平苗、刘，虽有勤王之绩，然既不能守越，又弃四明，负亦不少。矧其附桧主和，谋杀岳飞，保全富贵，取媚人主，其负戾又如何哉？光世自恃宿将，选沮却畏，不用上命，师律不严，卒致郦琼之叛。迎合桧意，首纳军权，虽得善终牖下，君子不贵也。二人方之韩、岳益远矣。"对张、刘二将做了严厉的批评。不过，不管后来变化如何，张、刘二人都有过带兵抗战的经历，不然就不会有"中兴四将"这一提法。而乌石寺居然成为中兴四将聚首之处，实在是严州的幸运。将韩世忠拉进这次聚会，可以从中看到人心的向背。

当年四位（或者三位）带兵的元帅相聚乌石寺，登临游览，个个都胸怀收复中原、建功立业的豪情壮志，在他们的身上寄托着民族的希望，他们兴致勃勃地在寺院的墙壁上留下了自己的名字。刘光世这位名门之后，不知道什么原因，"不能书"，竟然让随身的小妾意真代笔。

几十年后，著名词人姜夔路过此地，看到了墙上的题名，联想到国家日益衰败的局面，朝廷之中权臣相斗，收复中原的梦想越来越难以实现，不由感慨万千，挥笔写下了这样一首诗，寄托了自己对于"朝中无大将，北伐成泡影"的感叹。如此重大的题材却以女子代笔来结束，寄托着诗人心灵深处的悲哀，似乎在向人们暗示，南宋朝廷阳刚之气已尽，只有屈膝求和的阴柔之态了。

诗中"压崔嵬"三个字颇值得注意。抗金英雄的姓名气冲霄汉，足以压住巍峨的高山，表达了作者对他们崇高的敬意和深切的怀念。而对"刘郎"是否"疏文墨"的质疑，以及描述一个女流之辈的"胭脂"（笔墨）竟与堂堂元帅的题名混在一起，则是对刘光世"御军姑息，无克复志"的一种嘲讽。

《康熙龙游县志》说，岳飞题字在县城以北四十五里的乌石山招庆寺。南宋绍兴十六年（1146），张浚被解除万寿观使的职务，贬放连州（今广东连州），路过这里留下了题词。第二年，岳飞经过这里，住了一个晚上，在寺院的桌子上题词，大意是说：他奉旨前往首都，在此留宿，饱览山川名胜；一心报效国家，扫平胡虏，恢复中原，迎回二圣，尽心辅佐皇上；能够在佛寺中住夜，实在是难得的缘分。桌子后被有心人收藏起来了。

乌石山紧靠梅岭，是通往江西的要道，所以岳飞等四位大将军会先后经过这里。

这段记载的时序有些乱：张浚题壁的"明年"应该是绍兴十七年（1147），而岳飞被害于绍兴十一年（公历为1142），不可能死而复生，所以，应该以岳飞题字的落款时间绍兴三年（1133）为准。细考题字的内容，该文极有可能是后人假托之词，作为笔记史料姑录于此，以供读者参考。

几十年后，这段故事被庐陵人罗大经收进《鹤林玉露》一书中，冷峻的笔调，客观的叙述，传递出一股末世之音。不到五十年，南宋朝廷彻底灭亡。

由于地处要道，来往的名人极多，留下了许多记载。有一次，左丞相周必大经过这里，虽然天下大雨，仍然登山游览——

> 乙亥早过寿昌县……晚至乌石山，衢州龙游境也。山如削铁，悬瀑千仞，其上幽岩精舍，今为宗室仪泰孝王功德寺。意欲一游，而从者终日冒大雨，皆告疲，遂呼山轿而上。路极峻狭，三里乃至，楼阁层出，极目千里。旧岩在山顶，以形势迫窄徙焉。……忽忽下山，笼篚皆远去，日暮泥泞，崎岖奔走，一更后及于大楼，亦好奇之故也。
> ——周必大《乌石山题词》（新版《龙游县志·丛录·杂记》转引万历壬子《龙游县志》）

周必大离开临安城，往"上班"的地方赶路，经过乌石寺。对于乌石寺他早已闻名，今天路过此地，岂能轻易放过？是一定要上去看一看的，结果为后人留下了一段精彩的文字，给人以无限的遐想。

想当年三位抗金大将齐聚梅岭关，共话北伐大业，第二天，一起登上乌石寺以寄托情怀，留下姓名，成就了一段佳话，传诵至今。他们的行迹大大地鼓舞了严州人民抗敌的信心和勇气，先后出现了钱岂、钱罍兄弟，

严州逸事 HANG ZHOU

112

周必大像

刘晏，叶义问等抗金英雄。

　　钱岊、钱鬵兄弟起义兵勤王，在桐庐牛头山伏击金兵，重创骄横不可一世的金兀术，从此金兵再也不敢小觑严州。

　　刘晏组织"赤心队"，与韩世忠一起平叛抗金，最后战死沙场，为国捐躯。

　　叶义问虽是一介书生，但是不畏强敌，在一片投降声中，奉旨出行，迎敌而上，鼓舞士气。在他的主持下，南宋军队取得采石矶大捷，这是南宋少有的胜仗之一，为宋金的平衡放置了一颗重重的砝码。

　　罗大经晚于岳飞不到百年，所说"严州乌石寺"应有所据。经过近千年的演变，严州乌石寺被"边缘化"，成为严、衢二州，建、龙二县交界处的名胜。然而，不

113

管乌石寺在哪里，这一段抗金名将聚会的佳话都会永远流传下去。

附录：

岳飞题字在县北四十五里乌石山招庆寺。宋绍兴丙寅（十六年，1146），张浚解万寿观使放连州过此，有题壁云："清河张德远听颜师鼓琴而去。"

其明年，岳飞过宿，有题木桌曰："岳飞奉旨赴阙，复如江右，假宿幽岩，游上方，览山川之胜，志期为国，急欲扫平胡虏，恢复舆图，迎二圣沙漠之辕，辅圣上无疆之休，因结缘佛寺以纪。岁月绍兴三年（1133）十月初三日题。"木桌今为好事者取去。

又相传寺壁有刘光世题名记，刘不能书……此山密迩梅岭，为江右孔道，故四镇先后俱过其地。

————《民国龙游县志》据康熙《龙游县志》撰

劝人向善的良言

洪迈在他的《容斋随笔》中讲了两个严州人的故事，这两个故事都发生在南宋初年。

一

秦桧是中国历史上有名的奸臣，被金兵俘虏放回后，因为迎合了宋高宗赵构对金屈膝投降的心思，很快就当上了宰相，心甘情愿地做了金人的内奸。他对外妥协投降，对金称臣称侄；对内迫害抗战大臣，收韩世忠、岳飞、张俊三大将兵权，以"莫须有"罪名杀害岳飞。结纳死党，控制台谏，屡兴大狱，斥逐异己，朝中正直大臣为之一空。

洪皓、郑刚中、胡寅、朱翌等人都是坚定的抗战派，深为秦桧忌恨，秦桧找了个由头把他们统统贬谪到当时还很荒凉、落后的岭南去编管安置。"编管"和"安置"都是对犯罪官员的一种惩罚措施，即在规定的地区居住，不得擅自离开。

洪皓（1088—1155）是写过《容斋随笔》和《夷坚志》的著名学者洪迈之父，他奉旨使金，金大将完颜宗翰逼他担任伪职，洪皓不屈，滞留金国十五年才被放归，

洪皓像

时人比之为当代苏武，死后追谥"忠宣"；郑刚中（1088—1154），字亨中，因在与金人办理边界划分之事上触怒秦桧，被贬，"资政"是对他的尊称；胡寅（1098—1156），字明仲，曾任礼部侍郎；朱翌，字新仲，曾任中书舍人。

贬谪的官员到达目的地之后，要向当地的主管领导经帅报到，主管领导则负有监管的责任。

当时在广东主政的经略安抚使方滋（字务德）是严州桐庐人。经略安抚使掌管一路兵民之事，既统兵又理政，所谓"上马带兵，下马管民"，故又称"经略帅"或"经帅"。

这些抗战派官员都是秦桧的死对头，即使把他们赶到几千里外的蛮荒之地，秦桧也还不放心，他听说这些人在方滋的关照下生活得很不错，不由心中大怒，就对身边的一个门客说："我听说方滋对朝廷的罪臣照顾得很不错，他是不是在搞感情投资，好为将来留后路呀？"

"哎呀，大人啊，我正想和你说这件事，要不是大人提起，我哪里敢乱说呀。"门客听了，便对他说，"我听说方滋这个人是个忠厚长者，天性仁厚，对任何人都客客气气地，就是对待贬谪的官员也是一样。"

听门客这么一说，秦桧好像有所明白，喃喃地说道："噢，不料方务德居然是个善于应酬周旋的人。"从此打消了心中的疑虑，再也不来追究了。

对这件事，洪迈写下了一段议论。

他说，假设那天秦桧问到的是一个奸佞的小人，结果就会完全不同。他只要顺着秦桧的意思稍微发挥一下，方滋肯定要获罪，并且还要连累那些被贬的官员也不得安耽。这个不知姓名的秦桧门客实在是一个大君子啊！

二

严州人王大卞要到广东韶州（今广东韶关市）去担任知州，路过南安军（今江西大余县）时，顺道去拜访贬谪在那里的张九成先生。

张九成（1092—1159），字子韶，钱塘（今浙江杭州）人，绍兴二年（1132）的状元，历任著作郎、礼部、刑部侍郎，坚决反对屈膝投降，是个坚定的抗战派。秦桧几次要他支持和议，都被他严词拒绝，秦桧恨透了他，将他贬谪到南安军十四年之久，直到秦桧死后才被重新起用，担任温州知州。白话小说《说岳全传》中有他独闯金营朝见二圣的精彩描写，称赞他："好一个少年忠

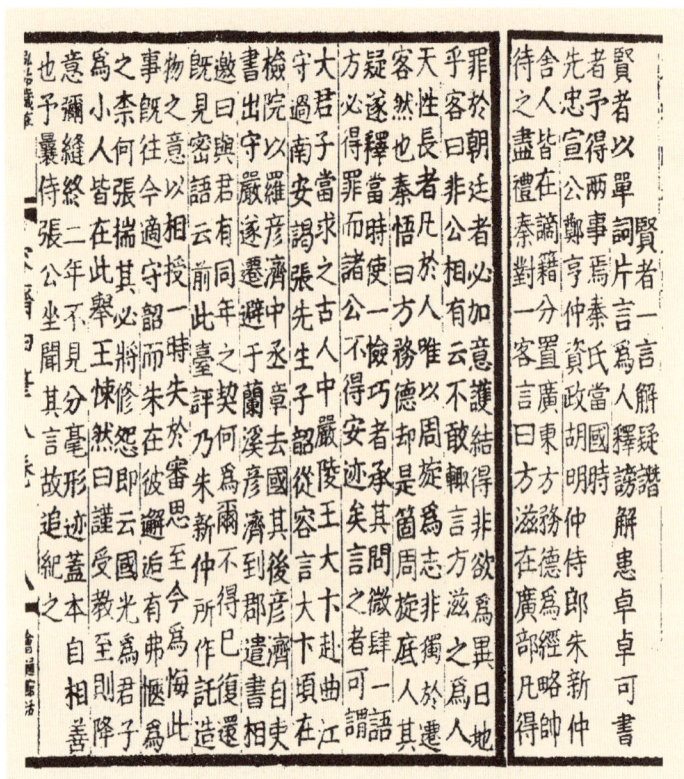

洪迈《容斋随笔·四笔》卷八载《贤者一言解疑谤》

臣！"王大卞仰慕他的高风亮节，特地前往拜见，顺便向他请教一件颇觉为难的事情。

王大卞，字国先，是宋徽宗重和元年（1118）进士，曾经担任过登闻院①的领导职务，但是遭到了罗汝楫的弹劾而丢了官。后来，罗汝楫居然到严州来当知州了。

说起这位罗汝楫，他就是陷害民族英雄岳飞的元凶之一。

罗汝楫（1089—1158），字彦济，徽州歙县（今属安徽）人，宋徽宗政和二年（1112）进士，宋高宗绍兴年间担任弹劾百官的御史台官，投靠秦桧，成为秦桧的

①登闻院即登闻检院，简称"检院"，是专门接受官民上书的机构，相当于现在的信访办。

118

死党。他秉承秦桧的指使，与御史中丞何铸一起诬陷岳飞，构成冤狱，甚至连岳飞的部下以及同情岳飞的正直官员也不放过，天下人对他无不恨得咬牙切齿。王大卞深知罗汝楫的狠毒手段，听说罗到严州，深恐遭到他的毒手。王大卞十分不安，连家也不敢回，到邻县兰溪避祸。

罗汝楫和王大卞是同科进士，他到任后，得知王大卞避到兰溪去了，为了笼络人心，就给王大卞写信，假惺惺地说：

"啊呀，国先兄呀，你我可是'同年'（同榜进士称为"同年"，但是此处记载不合，应有误）呀，何必这么见外要躲着我啊？"

收到罗汝楫的来信，碍于面子，王大卞没有办法，只得硬着头皮去见。罗汝楫告诉他："弹劾你的人是朱翌，我是根据宰相大人的指示精神办理的。我一时糊涂，没有把好关，真是对不起老兄，现在回想起来真是后悔不已呀！"

对于罗汝楫的这番辩白，王大卞也是将信将疑——谁知道他是不是无中生有、挑拨离间呢？令他为难的是，此去韶州为官，而朱翌又正在那里"思想改造"，抬头不见低头见，两个人难免要碰头，他向张九成请教：这件事该怎么处理才好？

张九成听了，沉吟不语，他担心王大卞此去难忘旧怨，怨气难平，就对他说："国先呀，我听说君子以德报怨，小人则以怨报德，此去韶州任职，你是要做一个君子还是做一个小人呢？"

王大卞听了，仿佛醍醐灌顶，感觉茅塞顿开，恭恭

古严州北塔

敬敬地对张九成说："先生，大卞领教了。我知道该怎么做了。"

到韶州后，王大卞不仅没有去找朱翌的麻烦，而且还放下知州的架子，主动与朱翌搞好关系，关心他的生活起居，就像没有发生过什么一样。在韶州任职两年，两个人相处得十分愉快。

这两件发生在平常生活中的事情，好像并没有什么惊人之处，但是洪迈却看出了其中的深意，作出"释谤解患"四个字的评语，而且推测了可能发生的严重后果，从道德的高度做了深入的剖析，做出了高度的评价。

遥想在那"横扫一切"的疯狂年代里，多少无辜的人因为"憸巧者"的诬陷而遭殃，弄得家破人亡，像方滋这样不落井下石，踩着别人的头颅往上爬的人，实在是难得；而王大卞以德报怨，以尊事卑，"降意弥缝"的高尚品德，该需要多少宽博的胸怀！

严州古称"建德之国"，从这两件严州人的"小事"中，我们看到了"建德之国"中人"与而不求其报"的厚道与淳朴。

严州的"飞来峰"

陆游在严州当过三年领导，对严州的人和事十分熟悉，也很有感情。这些事在他的诗文中多有记载，其中"寿昌大水漂山"一则很有意思，载于他晚年所写的笔记《老学庵笔记》中。

"老学庵"是陆游的书斋名，取师旷"老而学如秉烛夜行"之意。陆游将生平所识以简练的笔墨写出，多为亲历、亲见、亲闻之事，或为读书考察心得，内容真实，笔调流畅，为宋人笔记中的上品。

"老学"之意源出《尚书大传》："晋平公问师旷曰：'吾年七十，欲学，恐已暮。'师旷曰：'臣闻老而学者，如执烛之明，孰与昧行？'公曰：'善。'"后为北齐学者颜之推引用，收入其名著《颜氏家训》一书，很快流传开来了。陆游退居山阴老家建老学庵时已经七十岁上下了，正好与当年的晋平公同岁。陆游还作有一首《老学庵》诗，诗题下的自注也说："予取师旷老而学如秉烛夜行之语名庵。"诗的首句就是："穷冬短景苦匆忙，老学庵中日自长。"

《老学庵笔记》共十卷，最初刻印于严州，为时任严州知州的陆游幼子陆子遹所刻。陆子遹于宝庆二年（1226）至绍定二年（1229）出任严州知州，他和父亲陆游一样，喜欢读书、刻书，在严州任上他刻了不下于十五种书籍，其中一半以上是他父祖辈的著作，最为重要的是父亲陆游的笔记《老学庵笔记》和诗集《剑南续稿》，此举为保存民族文化遗产做出了很大的贡献。

这里引用的笔记包括两则史料，一件发生在陕西华山，时间是宋神宗熙宁六年（1073），一件发生在严州

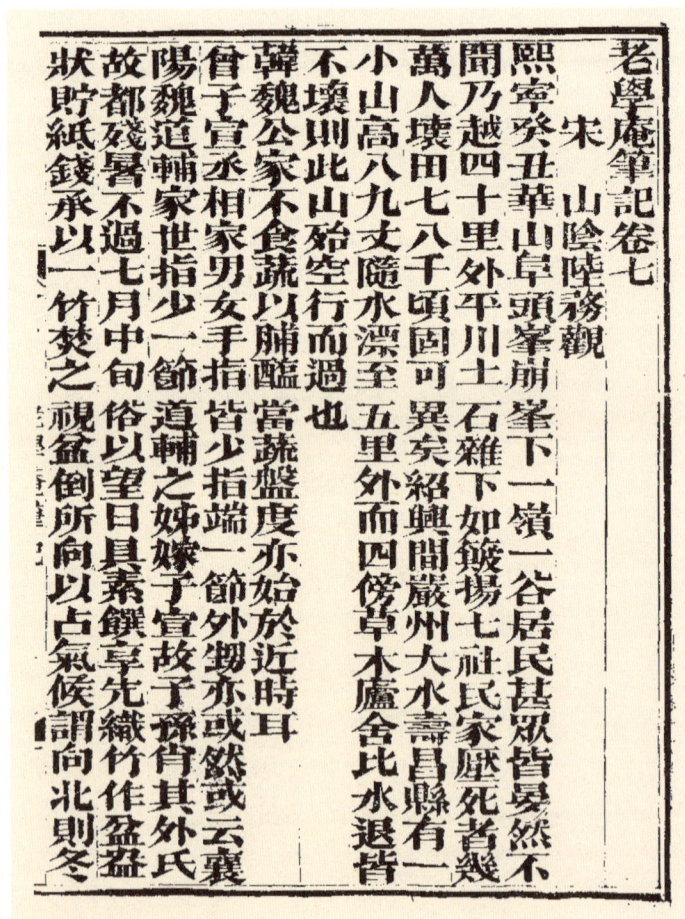

老學庵筆記卷七
宋 山陰陸務觀

熙寧癸丑華山阜頭峯崩下一嶺一谷居民甚眾皆晏然不聞乃越四十里外平川土石雜下如簁揚七社民家壓死者幾萬人壞田七八千頃固可異矣紹興間巖州大水壽昌縣有一小山高八九丈隨水漂至五里外而四傍草木廬舍比水退皆不壞則此山殆空行而過也

韓魏公家不食蔬以脯醢當蔬盤虔亦始於近時耳曾子宣丞相家男女手指皆少指端一節外翹亦或然或云襄陽魏道輔家世指少一節道輔之姊嫁子宣故子孫肖其外氏

故都婺署不過七月中旬俗以望日具素饌享先織竹作盆盎狀貯紙錢承以一竹焚之視盆倒所向以占氣候謂向北則冬

陆游《老学庵笔记》卷七载寿昌大水漂山事

寿昌，时间为宋高宗绍兴年间（1131—1162），时间和地点都不同，但后果都是灾祸没有影响到现场。

华山太远，不去说它，但是绍兴年间寿昌发大水而且发生山头飞渡之事，简直就是严州版的飞来峰，也是现实版的飞来峰。

杭州飞来峰的传说大概是佛教徒编造出来的宗教神话，而严州版的飞来峰则出自当时人的真实记录。

宋高宗绍兴年间（1131—1162），严州暴发大洪水，把寿昌县境内的一座八九丈（二十几米）高的小山冲出了五里多路。这已经够使人诧异的了，然而更加令人不可思议的是，在小山漂移的路上，两旁的树木、房屋完好如初，看不出一点遭碾压的痕迹，整座山峰就像是从空中飞过去一样。

陆游于宋孝宗淳熙十三年至十五年（1186—1188）出任严州知州，上距绍兴年间只有短短的二十多年，寿昌"飞山"之事当是在严州任职时听说的。飞山之说也许有些匪夷所思，但其情状与山体滑坡极为相似。洪水地震、山头移位之事是经常发生的。因陆游惜墨如金，语焉不详，"空行而过"的情况难以揣测，但是绍兴年间寿昌洪灾引起山体滑坡是可以坐实的了，这也不失为一条生态环境遭到破坏的记录，自有其科学价值。

小牛犊找母亲

桐庐有一个人，养了两头牛，一头母牛，一头小牛。一天，他把两头牛都卖了：小牛犊卖给一户种田的农民，准备养大了耕田；体态壮硕的母牛则卖给了一个屠夫，准备屠宰了卖肉。

屠夫高高兴兴地牵着母牛，涉过小溪，盘算着能赚多少钱，心里乐滋滋的。

看着母牛被人牵走了，小牛犊隔着小溪伸长了脖子叫唤，似乎在寻找自己的母亲，一副恋恋不舍的样子。

屠夫将母牛牵回家，连夜生火烧水，准备杀牛。这时忽然听到门外传来一阵阵的牛叫声，而且一声比一声急迫。屠夫觉得很奇怪：这么晚了，三更半夜，四面黑漆漆的，附近又没有人家，这牛是从哪儿来的呀？

他点着了火把，打开大门一看，竟然是早上那位农夫买去的那头小牛！见门开了，小牛犊就走了进来，来到母牛的身旁，紧挨着母牛，擦着母亲的身体，不断地蹦跳，就像一个调皮的孩子在母亲身边撒娇一样。母牛也伸出舌头不断地舔舐小牛犊，十分爱怜。

屠夫虽然凶悍，但是看着母子俩依依不舍的样子，原本坚硬的心被深深地触动了，这幅天伦之乐的动人场景，使屠夫下不去手杀牛，他用烧好的水浇灭了炉中的火，转身睡觉去了。

第二天早晨，农夫发现小牛犊不见了，找了好几天也没有找到。一天，他碰到买母牛的屠夫，就问他看到小牛没有，屠夫就将小牛犊来找母亲的来龙去脉告诉了他，农夫听了也叹息不已，觉得不可思议。为了成全这对母子，农夫拿钱买下了母牛，与小牛犊一起牵回了家。

这样一件奇闻，因为时代久远，后人已经很难判定真假，不过大千世界，无奇不有，至少洪迈是信其有的，不然的话，他就不会记录下来了。

不过他也觉得此事有些不可思议：屠夫家与农夫家相隔十五里路，道路曲折崎岖，且屠夫家地处偏僻，不在大路边，来往的行人也不经过这里，更为重要的是，这头小牛犊没有来过这里，它是怎么找到这里的呢？

面对这些无法解释的疑问，洪迈给出了两个答案：一是动物的天性，是恋母的天性吸引着小牛犊一步步地走到这里；二是有"神物"相助，是上天神仙显灵，指引着小牛犊找到了母亲。

最后，洪迈就此发了一通议论：世上一些不孝的人连动物都不如！倒是这位一辈子杀生的屠夫在到手的利益面前，保持了一颗高贵的向善之心，完成了他"放下屠刀，立地成佛"的华丽转身，令人钦佩！

宋人文莹的《湘山野录》中记有另一则关于牛的奇闻。

诗人鲍当在当睦州知州的时候，碰到了一件新奇的事情。

桐庐有一个人，很有心计，总是算计人家，占别人的便宜，为人吝啬刻薄，左邻右舍都很讨厌他，巴不得他早点死，且死后不得为人，而要去做畜生，做牛做马，劳累终生。不久，这个人果然死了，凑巧的是，这个时

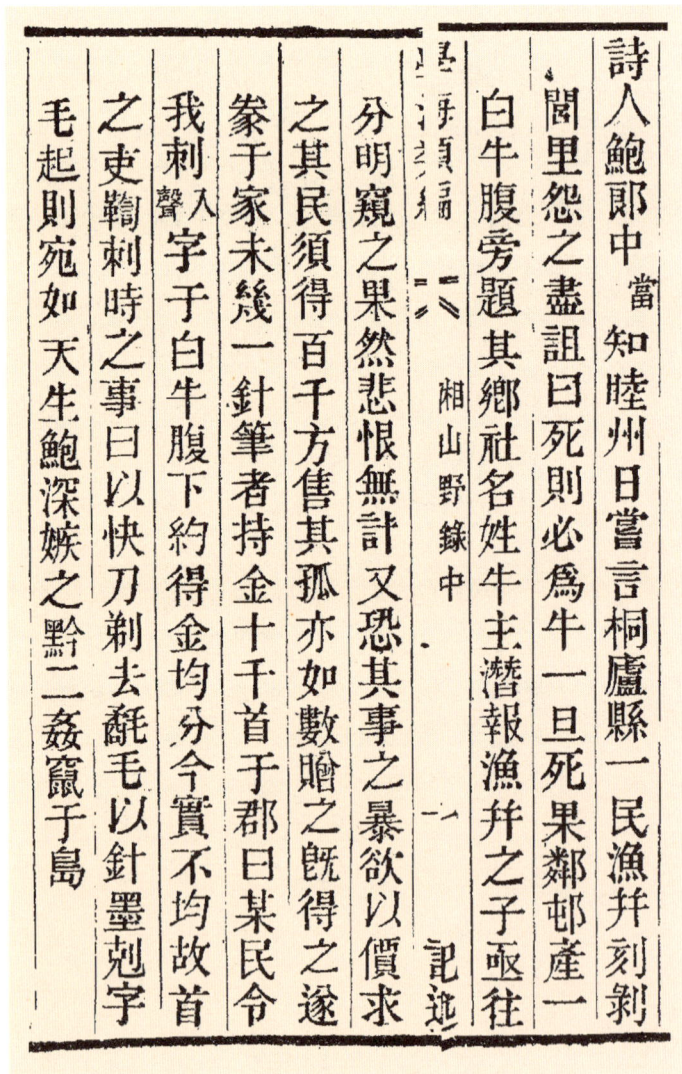

文莹《湘山野录》载诗人鲍当知睦州所遇奇事

候邻村一户人家生了一头白牛，牛的肚皮上有一行文字，写着这个刻薄人居住的乡社的名称和他的姓名。

白牛的主人偷偷地将这件事告诉了刻薄人的儿子，并且带他去看，果然是真的，这是莫大的丑闻，如果张扬出去必定要损害家族的声誉，儿子就提出来想买下这头小白牛。牛主家要价一百贯钱，贵得有点离谱，刻薄人的儿子明知这户人家敲竹杠，但是考虑到家族的脸面，即便再贵也要买下来，于是不得不如数付给牛主，后将有字的小白牛牵回了家。

过了几天，州府衙门收到了一个人的自首状纸，自首者在大堂上缴出了十贯钱，承认自己是和小白牛的主人合伙作案的人，并且交代了作案的经过。

因为大家都诅咒这个刻薄人来世做牛，邻村这户人家的牛恰巧在刻薄人去世的时候生下了一头牛，于是牛主就动起了歪脑筋。白牛主人请来一个会刺字的人，让他在小牛的肚皮上刺了刻薄人的乡社地址和姓名，然后白牛主人出面去敲诈钱财，得到的钱与刺字人平分。计划果然成功，白牛主人得到了一百贯，但是他却食言了，只给了刺字的人十贯钱。刺字的人知道后，大为不满，几次上门去要也要不来，一怒之下，将白牛主人告上了衙门。

办案的差吏问他牛身上的字是怎么来的。刻字人说，小牛出生的时候，用快刀剃去茸毛，用针在皮上刺字以后，涂上墨汁，等毛长出来以后就形成了一行鲜明的字，就像天生的一样，丝毫也看不出人工的痕迹，人们也绝对想不到有人会做这样的手脚。

鲍当（？—1039），字平子，杭州人，景德二年（1005）

进士，历任明、衢、湖、睦诸州的知州，宋朝初年著名诗人。他以《孤雁》一诗出名，人称"鲍孤雁"，诗集名《清风集》，故又称"鲍清风"，是个生性闲淡的人，对人间的浊事十分反感。他听了差吏的汇报，心中非常厌恶，将这两个作案的人判处刺配充军，在他们脸颊上刺了字，发配到荒凉海岛上去了。

鲍当在睦州当过知州，但是严州的地方志上没有记载，因此，《湘山野录》中的这段记载可以补地方志之缺。鲍当当过职方郎中的官，所以文莹称他为"鲍郎中"。

附录：

桐庐人畜两牛，一牸一犊，同日鬻之。农者取其犊而屠者取其牸，并驱出门。屠引牸度溪，入于家。犊立溪外，引首长鸣。农鞭之不动，逼使行，每数步，必回顾。越复岭，穿支径，至田间，农置之阁中。屠夜具汤镬，且将烹牸，闻户外牛鸣甚急。屠私自念："夜已三更天黑，四旁无人居，安得有牛到此？"遂点火视，则彼农向所买犊也。排户而入，跳踯母旁，牸亦连舔其颈。屠虽悍忍，惕然动心，反汤灭火而寝。农失犊所在，求之数日，遇屠，具言其事，相与叹息。并以元值赎其牸而去，遂为母子如初。

农家至屠舍十五里，道屈曲非寻常往来处，犊固未尝至，乃能知之，异类天性如此，盖必有神物为之助。人之不孝于亲者，殆非此犊比也。屠能临利向善，亦可嘉矣。

——〔宋〕洪迈：《夷坚三志》己卷《桐庐犊求母》

宋朝版的《猫和老鼠》

宋人洪迈的笔记小说《夷坚志》里讲过一个关于猫的故事。

故事发生在严州桐江（今浙江桐庐一带），有一个人养了两只猫，十分宠爱，天天带在身边，白天看着它们吃食，晚上在同一个被窝里睡觉。日夜抱在怀里，双手不断地抚摩它们，十分爱惜。出门了则吩咐家里的婢女细心照料，不得有误。

有一天，一只老鼠跳到瓦瓮里偷吃里面的小米，瓦瓮很深，老鼠吃饱后跳不出来了，被困在了里面。婢女向主人报告此事，主人听了很高兴，觉得养了多时的两只猫可以派上用场了，准备让它们大显身手一番。

他抱来一只猫放了进去，原以为老鼠准会吓得发抖，谁知这只老鼠不但不害怕，反而上蹦下跳，并且发出尖利的叫声，似乎在向宠物猫挑战。而这只大笨猫却呆呆地看着它，一动也不动，好像无动于衷，一点战备动作也没有，一副大仁大义的样子，有意放老鼠一马，任其逃跑。过了一会儿，猫竟然主动撤退，跳了出来。

主人一脸宽容地笑了笑，换了一只猫进去。谁知这一只还不如前一只，才放进去就跳了出来，对眼前的猎物一点也不感兴趣。

两只猫不抓老鼠，却对毫无还手能力的小鸡大打出手，将正在庭院中游戏的小鸡雏玩弄至死。这引起了婢女的强烈不满，她对主人说："我对这两只猫关怀备至，照顾得很周到，原以为它们一定会抓老鼠的，现在倒好，不但不去抓老鼠，还把小鸡给弄死了，这样的猫养着有什么用！"

主人听了，脸上红一阵白一阵的，非常不好意思，脸上有些挂不住，就吩咐婢女到隔壁人家去借一只猫来抓老鼠。

不一会儿，猫借来了，把它放到瓮口上，猫朝里面看了看，用双爪抓住婢女的衣服，死活不肯下去，猫爪把衣袖都抓破了，婢女的手臂也被抓伤了。老鼠在瓮里逍遥自在地享受美味，一副趾高气扬的样子，全然不把猫和人放在眼里。

到了第二天，老鼠还没有出来，婢女气得不行，拿了一根棍子要去找老鼠拼命。谁知棍子才插进瓮中，那只老鼠就飞快地沿着棍子爬了上来。婢女吓了一跳，丢下棍子就跑，老鼠乘机溜走了。这场猫鼠对阵、人鼠大战，以老鼠全胜结束。

洪迈感慨地说，以三只猫、一个婢女而斗不过一只小小的老鼠，最后还是让它吃饱了肚子，从容地逃走了，这只老鼠真是够狡猾的了。

读完这个故事，眼前不由得出现美国动画片《猫和

老鼠》里那些熟悉的镜头：浑身上下充满灵气的小老鼠杰瑞，呆头呆脑的大笨猫汤姆，都给人留下了有趣的印象和深刻的回忆。看着身躯高大却头脑简单的笨猫被小巧玲珑且狡黠异常的小老鼠戏弄得团团转的时候，人们都会哈哈大笑。其实细读《桐江二猫》的文本，我们就会发现，美国动画片《猫和老鼠》中的喜剧元素，《桐江二猫》里面都有了。

你看那从容应敌的小老鼠面对强敌有勇有谋、无所畏惧，而且见招拆招，对不同的情况采取不同的战术，可谓灵活机动。当第一只大猫光临，强敌压境时，它敢于迎战，"跳踯上下，呼声甚厉"，毫不畏惧，在气势上压倒了敌人，使敌人不敢轻举妄动。小老鼠的气势和勇敢也镇住了第二只、第三只大猫，它们的表现一只不如一只，第三只猫干脆连瓮都不敢进了。最后，小老鼠凭借自己的智慧和胆量将地球上最高等的动物——人类"制服"了，成功地脱离了险境。

猫是鼠的天敌，这大概是造物主决定的，但是世上万事总有例外，而例外之事往往因为它不合常规而容易被人记住，洪迈记录这件事情的原意也在于此。

《桐江二猫》中的细节丝毫不亚于《猫和老鼠》，而时间则要比后者早700多年！行文至此，不由不感叹中华文化之丰厚与悠久，我们要防止狭隘的民族主义，但更没有理由妄自菲薄，陷入历史虚无主义，要有充分的文化自信。人们总是感慨："熊猫是中国的，功夫是中国的，但是《功夫熊猫》却是外国的！"与其坐而空谈，不如实际践行，哪怕取得一点点小成绩也行。从这篇800年前的记录中，我们能够得到一点什么启发呢？

《夷坚志》中还记有另一则猫的故事。

孙三住在临安城北门外的一个小弄堂里，做一点卖熟肉的小生意。老两口没有孩子，就守着一只猫过日子，宠爱得像独生子女一样，孙三每天出门前都要交代老婆看好家里这只猫，说这只猫是稀有品种，十分金贵，整座临安城里都没有同品种的，千万要看好，不能放到外面去，一旦放出门，就会被人家偷走。他老了，没有儿子，将它当作自己的儿子一样，一定要当心。

孙三每天进进出出都念叨这几句话，听得邻居们都厌烦了，都说这老头儿每天都要说几遍，烦不烦人，不过就是一只虎斑猫而已，值得如此小心吗？

一天，这只猫突然拖着拴绳跑了出来，刚跑出门口，孙三老婆急忙冲了出来，一把将猫抱了回去，但还是露出了"庐山真面目"，让邻居们看见了这是一只深红色的猫咪，浑身上下全是一色，并无杂毛，连尾巴和四脚都是一抹红色，十分娇艳夺目，大家都惊叹不已。

下午，孙三收摊回家，听说猫咪跑出去过了，便将老婆痛打了一顿。为了一只猫咪打老婆，这样的怪事很快就传了出去，一传十，十传百，后来居然传到宫里去了。有一个公公（太监）很想将猫买下来，献给后宫娘娘，好讨个封赏，但是却遭到了孙三的拒绝，他说："我穷了一辈子，也没有什么奢望，只要吃饱肚子就行，钱多了也没什么用。这只猫咪就是我的性命，一刻也离不开它的。"

公公见孙三的态度这样坚决，就不断地加码，最后终于以三百贯的高价成交。孙三流着眼泪把红猫交到公公的手上，千叮咛万嘱咐，要好生待猫。回到家里，孙三又是长吁短叹了一番，把气都撒到老婆的头上，怪她没有看好红猫，又把她打了一顿。

公公买到红猫以后，十分高兴，想把它调教好了以后再献上去。谁知过了没几天，红猫的颜色就慢慢地黯淡了，过了半个月，红色全部褪尽，变成一只白猫了。公公这才发现自己上当了，气得不行，找上门去，孙三早就搬走了，问了邻居，都不知他的去向。

原来红猫的颜色全是孙三染上去的，他做了多时的伪装，下足了功夫。左邻右舍不仅被他的假象所蒙骗，还受他利用，充当了为他制造舆论的工具。所谓交代老婆甚至打老婆都是他的障眼法，是他要的奸计。

这是一篇颇有新闻价值的笔记小说。一只普通的白猫经过孙三的精巧包装，一番神操作，居然娇艳夺目，卖出了天价，可谓富有心计。孙三虽然身居陋巷，以卖熟肉为生，却有一副天生的好头脑，他未必读过《孙子兵法》（虽然他也姓孙），但是他在"实战"中使出了三十六计中的瞒天过海、偷梁换柱、苦肉计、欲擒故纵、金蝉脱壳，最后是走为上计，这是一个巧用兵法的成功案例。

附录：

桐江民豢二猫，爱之甚，坐卧自随，但日观其食饥饱，暮夜必藉而寝，或持置怀抱间，摩手拊惜，出则戒婢谨视之。一日，鼠窃瓮中粟，随（堕）不能出。婢走告主人，主人喜，携一猫投于瓮。鼠跳踯上下，呼声甚厉。猫熟视不动，意伺其便也。久之，乃跃而出，主人笑，又取其次。方投瓮，亦跃而出。庭有雏鸡方戏，反遭搏而死。婢怒言："吾待二猫甚力，今见鼠不捕，顾残我鸡，复何用？"主人惭不答，而使借邻室猫。至，窥瓮，爪婢衣，不肯下，至破袖伤臂。鼠扬扬在中饱食粟，不避人。至于明日，婢不胜愤，将梃就击。梃才入，鼠即缘之而上。婢惊弃梃，遂脱。以三猫一婢而不能取一鼠，俾之得志而去，亦可谓黠矣。

——〔宋〕洪迈：《夷坚三志》己卷《桐江二猫》

临安内北门外西边小巷，民孙三者居之。一夫一妻，无男女。每旦携熟肉出售，常诫其妻曰："照管猫儿，都城并无此种，莫要叫外间见。若放出，必被人偷去。我老无子，抚惜它便与亲生孩儿一般，切须挂意。"日日申言不已。邻里未尝相往还，但数闻其语。或云："想只是虎斑，旧时罕有，如今亦不足贵，此翁忉忉护守，为可笑也。"

一日，忽拽索出，到门，妻急抱回，见者皆骇。猫干红深色，尾足毛须尽然，无不叹羡。孙三归，痛棰厥妻。已而浸浸达于内侍之耳，即遣人以厚直评买。而孙拒之曰："我孤贫一世，有饭吃便了，无用钱处。爱此猫如性命，岂能割舍！"内侍求之甚力，竟以钱三百千取之。孙垂泣分付，复棰妻，仍终夕嗟怅。内侍得猫不胜喜，欲调驯安帖，乃以进入。已而色泽渐淡，才及半月，全成白描。走访孙氏，既徙居矣。盖用染马缨绋之法，积日为伪。前之告诫棰怒，悉奸计也。

——〔宋〕洪迈：《夷坚三志》己卷《干红猫》

洪扬祖奇遇

这是一个颇有《聊斋》气的故事。

洪扬祖是严州淳安人，宋理宗绍定三年（1230）以优等太学生的资格录取为进士。嘉熙四年（1240），被分配到专业性很强的太史局当局官，专掌测验天文、考定历法。工作十分清闲，一年到头没有多少"公"可以办，闲来无聊，他就约了几个好友游西湖去了。

游船划到苏堤锁澜桥，登岸游览。这里有一座三贤堂（又名"三贤祠"），里面供奉着白居易、林和靖和苏东坡三位西湖文化名人，是当时著名的旅游景点。

瞻仰了三位古人的风采之后，几人转出祠来，只见后面竹木幽深，花树繁茂，名曰花坞。一条小路出现在参天巨松间，曲径通幽，几人缓步前行，来到了一个从未到过的去处。眼前忽然出现了一幢房屋，有似富贵人家的宅邸，也不知是哪位皇亲国戚的府第。

正在犹豫的时候，黑漆大门打开了，从屋子里走出一位穿青衣的年轻姑娘来，好像在迎接他们。看他们到了，连忙迎上前去，满面含笑地说："几位相公才到啊，我家小娘子等候你们多时了！”说着把他们请进屋内，在客厅里落座。

来到厅堂，洪扬祖环顾四周，但见金碧辉煌，十分华丽。这时从房内走出一个人来，是一位浓妆的少妇，请大家喝茶。

她很有礼貌地对洪扬祖说：“官人多时不见，别来

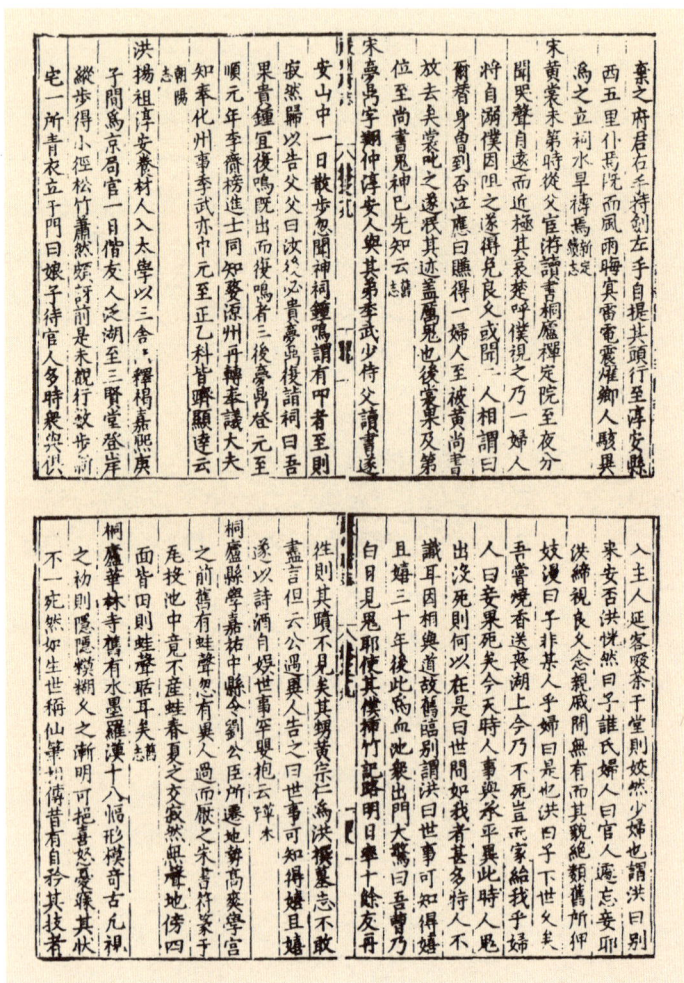

叶子奇《草木子》载洪扬祖遇奇事（转引自《万历严州府志》卷十九《遗事异闻》）

可好？"洪扬祖以为她认错人了，也客气地对她说："小娘子是谁呀？我不认识你呀。"少妇听了，说："官人，你的记性也太差了吧，多年的老朋友都忘了吗？"说着，朝他看了一眼，微微有点责怪的样子。

洪扬祖被她问得不好意思起来，不由得仔细地朝她看了看，一面快速搜索脑海中储存的信息，认真回忆，亲戚中好像确实没有这样一个人呀。后来猛然想起多年前曾经和临安城里的一个妓女相好过，是不是这个人呀？就问道："敢情你就是当年认识的某姑娘吗？"少妇这才回嗔作喜，答道："啊呀，官人你终于想起来了。我就是当年的那位姑娘啊！"

听她这么一说，洪扬祖的心中不免一惊：此人不是早就死了吗？怎么今天还会站在我的面前呢？莫非见到鬼了。就对她说："你不是离开人世很久了吗？当年我还为你烧过香、送过葬呢，今天怎么又还阳了？难道是在骗我吗？"

少妇听了，微微一笑，对他说："我确实是死了，你是个多情多义的人，你当年对我的深情我至今还记得，怎么会骗你呢？"

"你既然死了，为什么会到这儿来呢？"洪扬祖不解地问道。

"官人，你难道看不出当今世界，人妖颠倒，人鬼混杂，早就不是朗朗乾坤、太平世界了，所以我们这些已经下世的鬼魂才会出现。这个世界上，像我这样的鬼魂很多，只是你们肉眼凡胎，看不出来罢了。"

两个人越谈越投机，聊起许多前情往事，十分感慨。

不知不觉，天色已晚，要准备回家了。洪扬祖和少妇依依惜别，分手的时候，少妇郑重地对他说："这样的世界，前景可知。奉劝官人，早日看破红尘，游戏山水，不要太执着——三十年后这里将是一片血火之海了！"

离开鬼屋之后，大家都说，我们今天真是大白天见鬼了！于是叫随行的仆人用竹枝插在路上做记号，准备明天再来一看究竟。第二天，洪扬祖叫了许多人，一起前来寻找，但是那些插在地上的竹枝全不见了，小路也找不到了，房子也消失得无影无踪，就像当年武陵源中的打鱼人一样，再也找不到桃花源了。

从此之后，洪扬祖辞官不做，回到淳安老家，不受俗务的纠缠，优哉游哉，颐养天年。洪扬祖逝世后，其外甥黄宗仁为他撰写墓志铭，这段"见鬼"的经历不便收入，只是含糊其辞地说他遇到了异人，告诫他要看透世事，"得嬉且嬉"，早日归隐避祸。

洪扬祖生当南宋末年，此时金国虽已灭亡，但是一个更强悍的蒙古帝国已经形成，对南宋的威胁丝毫不亚于金，甚至有过之而无不及，南宋朝廷对此却视而不见，史弥远、贾似道相继为相，不以国事为重，只知偷安享乐，专权误国，瞒上欺下，陷害忠良，亡国之象已成。

宋帝昺祥兴二年（1279），南宋君臣退守厓山，宋元军在海上决战，宋军大败，陆秀夫背负幼帝投海自尽，南宋彻底灭亡，此时距洪扬祖嘉熙四年（1240）见鬼之时正好三十多年。

大凡乱世、末世，多有妖孽鬼怪之说盛行，如殷商末年之妲己，唐末之《昆仑奴》《红线女》《柳毅传书》等人鬼故事，被文人载入志怪搜神的传奇小说之中，与洪扬祖同时代的红梅阁之李慧娘，明末清初记入《聊斋》的众多鬼狐，等等，都是如此。

《晋书·索靖传》记载了一个有名的"荆棘铜驼"的故事。索靖是一个很有见识的人，他见西晋王室、官僚生活奢靡，竞相斗富，政治腐败，觉得乱象已成，但又无力回天，深为担忧。

一天他指着洛阳宫门外的大铜驼叹息道："要不了多久，我就会看到你们倒卧在荆棘丛中的！"

果然不久就爆发了"八王之乱"，王室内部同室操戈，争权夺利，整个中原大地陷入一片血海之中。可以说，洪扬祖这里讲的是又一个荆棘铜驼的故事。

洪扬祖的故事出于《草木子》一书。

《草木子》为元末明初人叶子奇所著，全书四卷八篇，内容涉及天文地理、草木虫鱼、人文历史甚至阴阳八卦，

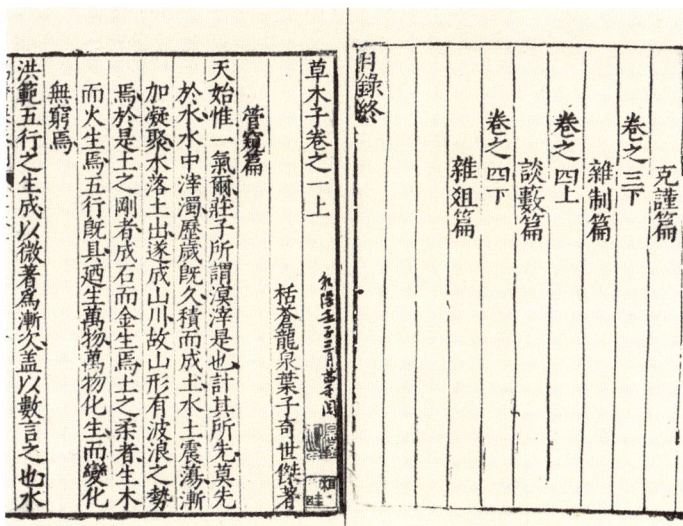

《草木子》书影

十分庞杂，其中关于宋元时期历史人物的记载十分珍贵，颇受后人重视。

叶子奇是处州龙泉人，学识渊博，与元末"浙东四先生"为友，但是时运不济，不但官卑职小，还平白无故地蒙受牢狱之灾。洪武十一年（1378），他在狱中写成此书，出狱后隐居田园，终老林下。

洪扬祖的这段遭遇，实乃小说家言，纯属虚构。和写《聊斋志异》的蒲松龄一样，作者将自己对现实的思考写进了作品中。世上何尝有什么鬼，不过是借鬼的名义道出胸中的块垒罢了。

经查阅《草木子》原书，未见有这段记载，这可能有几个原因。

一是版本不同。《草木子》一书由作者的后裔叶溥首刻于明正德十一年（1516），明嘉靖、万历，清乾隆、同治数次翻刻，仅明代就有三种版本，不清楚《万历严州府志》的编纂者看到的版本有没有不同。二是编纂者假托《草木子》一书之名收入《府志》，也不一定。但是不管怎么说，这都是一个值得后人好好品味的故事。

《草木子》中还有几则相似的故事。

一

南宋丞相史弥远死了很久之后，一天晚上忽然有人敲他家的门，说是丞相回来了。家中人都十分惊讶。此人进门后，入门升堂的程序丝毫不差，引路的纱灯、乘坐的轿子，一应俱全。晚辈们一一上前拜见，训话和平时也没有什么不同。临走的时候，他还命人取来纸笔，写好遗嘱，笔迹也是一样的，人们都觉得不可思议。过了许久，人们终于明白过来，这是鬼魂出现，阴盛阳衰的迹象，预示宋朝将要灭亡了。

二

元朝快要灭亡的时候，天下大乱，处州（今浙江丽水）有一个姓薛人家的孩子，年纪轻轻就死了。有一天，他家有个仆人出门办事，登上一座山岭，因为天气太热，就下到山溪里洗浴。

忽然看到已经死去的小主人一身戎装，骑着马，带

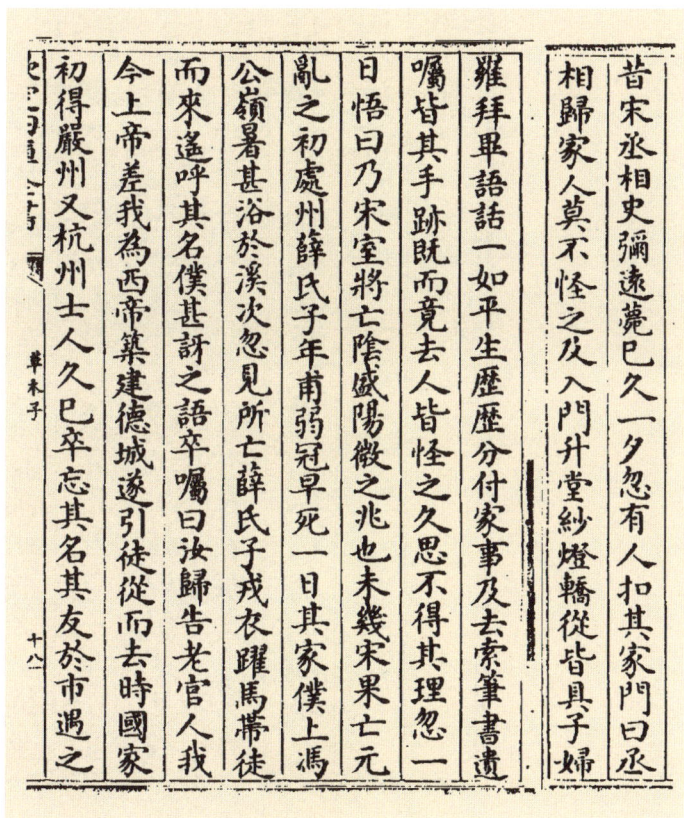

昔宋丞相史彌遠薨已久一夕忽有人扣其家門曰丞相歸家人莫不怪之及入門升堂紗燈轎從皆具子婦羅拜畢語話一如平生歷歷分付家事及去索筆書遺囑皆其手跡既而竟去人皆怪之久思不得其理忽一日悟曰乃宋室將亡陰盛陽微之兆也未幾宋果亡元亂之初處州薛氏子年甫弱冠早死一日其家僕上嶺之初處州薛氏子年甫弱冠早死一日其家僕上嶺公嶺暑甚浴於溪次忽見所亡薛氏子戎衣躍馬帶徒而來遙呼其名僕甚訝之語卒喝曰汝歸告老官人我今上帝差我為西帝築建德城遂引徒從而去時國家初得嚴州又杭州士人久已卒忘其名其友於市遇之

叶子奇《草木子》卷四《谈薮篇》

了许多人呼啸而来，老远就喊他的名字，仆人觉得无比惊讶。小主人让他回去禀告老爷："上帝派我为西方的皇帝建造建德城。"说完，带着手下人走了——当时朱元璋刚刚取得严州。

三

杭州有一个已经死了的读书人，写书人已不记得他的姓名了。有一天，他的朋友在街上遇到他，和他聊了

語戒以勿泄且言當今皆是我單人汝不信請試着即
以袖掩其面潛見滿市皆無頭帶刀傷血淋灕之徒遂
贈以錢而別又淮東一人其嫂氏久已死忽一日以事
經泰安州見嫂氏訊一屠者坐肆上遙相認聚話且留
宿食臨別贈以行資一二物皆世所用者雖尖記其名
字殆與史相之事相類其亦陽微陰盛之兆所以鬼盛
與人同也後元亦亡

雜俎篇

叶子奇《草木子》卷四《谈薮篇》

142

很久。这个读书人告诫朋友不要和旁人提起见面的事，并且说："如今都是像我这样的人，不信你看！"他用衣袖遮住朋友的脸，朋友透过单薄的衣袖，只见满街都是身上带着刀伤、鲜血淋漓的无头人。最后，读书人送了一些钱给朋友，揖手而别。

四

淮东（今淮河以南地区）有一个人，他的嫂子死了很久了。

有一天，他去泰州办事，看见嫂子已经改嫁一个杀猪的屠户，她正坐在自家的店铺里，相认之后，嫂子很客气，留他吃饭住宿，临别的时候还送了他许多钱物，都是世上有的东西。

这篇故事的主人公，同上文中的书生一样，作者也想不起他的名字，但他的遭遇却和史弥远的事情差不多，都显示出阴盛阳衰之兆。所以鬼魂如此兴盛，竟然弥漫到人间来了。不久，元朝也灭亡了。

这四则故事都发生在宋元之际，其中两件发生在南宋国都临安（杭州），一件发生在处州（今浙江丽水），一件发生在淮东。处州一事与严州有关，尤其值得注意。

那个姓薛的年轻人（鬼）带了一帮"徒（鬼）"众（他下辖的团队），奉命前往严州筑城，并且笔记中说明"时国家初得严州"（当时刚刚攻取严州），与严州地方志中李文忠攻城、建城的时间完全吻合。

当时的严州是李文忠的大本营，处州和婺州都在李文忠的势力范围内。先是大将胡大海攻取处州，后来李文忠又前往平叛，这几次都发生过激烈的战斗，兵民死者无算，那个"弱冠早死"的薛姓少年，极有可能是其中的牺牲者之一。

关于李文忠镇严九年，重建梅花城（严州城因城垛造型为梅花形，所以又被称为梅花城）的事迹，正史和方志中都有明确的记载。这一则传说也证明，当年李文忠修筑梅花城的时候，其所征集的劳工来自辖区范围内的各个州县，而不是严州一处。

许剑亭

许剑亭在严子陵钓台对岸谢翱墓边上，是朋友们为了纪念谢翱而建的。

谢翱，字皋羽，福建长溪人，后来迁往浦城。因为没有考中进士，流落在福建漳州和泉州一带。文天祥在延平（今福建南平市）高举抗元大旗，谢翱投奔到文天祥帐下，被委任为谘事参军。文天祥就义之后，谢翱在浙东一带流浪，常常在没有人迹的山水间痛哭流涕。后来登严子陵钓台祭奠文天祥，作《西台恸哭记》，此文后成为一篇传世名文。

在浙江，谢翱游遍了名山胜水，为后人留下了许多山水游记和学术著作。

元世祖至元三十一年（1294），谢翱来到宋朝的故都杭州，碰到了许多宋朝的遗少遗老，彼此有许多共同语言，相见恨晚。

第二年，因为肺病发作，谢翱于杭州逝世，年仅四十七岁。临终时，他对妻子刘氏说："我多年来漂泊异乡，离家千里，身边没有亲人，但有不少志同道合的好

宋濂《谢翱传》（节选）

朋友，其中浦江的方凤和吴思齐就像亲兄弟一样，可以托付后事。"不久，方凤和吴思齐果然赶到杭州，与方幼学等人一起遵照谢翱的遗愿，将他安葬在严子陵钓台的南岸，以他的遗稿烧祭。

谢翱有感于朝代兴亡之际，世上缺乏有骨气的人，准备编一部《许剑录》，将志同道合者的姓名镌刻在石碑上，但是这件事一直没有做成，为了尊重他的遗志，朋友们在他的坟旁建了一座许剑亭。

许剑的典故出于春秋时期一个有名的故事。

据《史记·吴太伯世家》和汉刘向《新序》记载，吴国公子季札出国访问，经过徐国，季札早就听说徐国的国君贤明仁义，现在亲眼看到徐国人民安居乐业，五谷丰登，心中十分钦佩，就前往拜访，表达自己的仰慕之情。徐君对季札也是闻名已久，两个人谈得十分投机，相见恨晚。

见面的时候，徐君对季札的宝剑十分欣赏，但是没有说出来。季札看在眼里，心里明白。他辞别徐君，继续跑了好几个国家，圆满地完成了外交任务，回国的时候经过徐国，前往拜访徐君，要把宝剑送给他。谁知这时徐君已经不幸逝世了，季札就将宝剑留给徐君的儿子。

随行的部下对他的做法很不理解，对他说："公子呀，这把宝剑可是咱们吴国的宝贝呀，怎么可以随随便便地送人呢？"

季札说："我并不是送剑，我只是实现我的心愿而已。我们第一次到徐国的时候，我看到徐君十分喜爱这把宝剑，当时就想送给他，只是因为外交工作不能缺少宝剑，所以不能马上送给他。现在出使各国的任务已经完成，可以兑现当初的想法了。不能因为徐君死了就违背自己的心愿啊！"

继任的徐国新君对季札说："公子的礼物太贵重了，先君在世的时候没有交代，我是不敢接受的。"季札没有办法，来到徐君的墓前，祭拜了一番，把宝剑挂在墓前的树上，回国去了。

季札挂剑的高尚行为深深地感动了徐国的人民，他们创作了《徐人歌》来歌颂这件事："延陵季子兮不忘故，脱千金之剑兮带丘墓！"为了纪念这件事，徐国人在徐君的墓旁修建了季子挂剑台。

季札是吴王寿梦最小的儿子，是四个儿子中最有贤名的一个，寿梦很想将王位传给他，但是季札几次让位，

梅城

最后去了延陵（今江苏常州），再也没有回到吴国，因
此后人称之为"延陵季子"。

　　季子挂剑的故事颇能体现中国古人对于友情和诚信
的理解。在这个故事中，季札和徐君都是品德高尚的君子，
都是人们学习的典范：没有季札就不会有人挂剑；同样，
没有徐君的贤名，季札也不会前往。是徐君的仁义和治
国的成就感动了季札，才会有季札挂剑的故事。季札挂
剑的故事感人至深，于是人们将徐君墓称为挂剑台。

　　谢翱没有后代，他的学生吴贵将他的肖像供奉在浦
江县的月泉书院中。

　　谢翱志节高远，清高脱俗，仰慕屈原的为人，自号"晞
发子"。"晞发"是洗好头让头发散披着使之快点干的样子，
屈原《九歌·少司命》有"与女沐兮咸池，晞女发兮阳之阿"
的句子，谢翱取名"晞发子"，有崇拜、追慕屈原的意思，
他的诗文集就被命名为《晞发集》。

谢翱是一个坚定的爱国主义者，他选择子陵台下作为自己的归宿之地，将自己的灵魂安放在子陵先生脚下，表达了对严子陵不贪图富贵、不随波逐流的高风亮节的仰慕和肯定，表示自己是子陵先生的忠实追随者。他选择钓台作为哭祭文天祥之处，也是出于对严先生的崇敬和信任。

"生为信国流离客，死结严陵寂寞邻。"①许剑亭倒掉已经多年了，季札对朋友的高义和谢翱对知音的寻觅仍在人们的心中传承着。

神仙酒

在严州一带有一个美丽的传说，说古时候桐庐有一口酒井，从这口井里打上来的不是井水而是美酒，就像传说中的那把泡茶不用放茶叶的紫砂壶一样，倒进去的是白开水，倒出来的却是浓浓的香茶。

当初，这口井也是一口普通的水井，没有什么神奇。

水井旁边开着一家小酒馆，酒馆的老板手艺很好，他酿的酒醇香无比，十分好喝，吸引了许多顾客。他为人又很和善，对来喝酒的人十分热情，从不欺贫爱富，付不起酒钱的穷人也从不拒绝，所以他的小酒馆生意越来越红火，名声也很好，远近的人们都到这里来喝酒。

一个云游四方的唱道情的道士也听到了这个小酒馆的名气，特地慕名来访。他到这里一看，果然名不虚传，小酒馆里挤满了人，老板夫妻俩热情地招呼顾客，十分殷勤。他尝了尝酒，味道也不错，喝完了酒，账也不结，屁股拍拍就走了，老板也没有难为他。第二次他照样如此。这样过了很久，道士从来没有付过酒钱，酒馆老板装糊涂，从来没有向他要过钱。

一天，云游道士又来了。喝完了酒，从唱道情的渔鼓里倒出一粒仙丹来，丢到了井里，悄悄地离去。

第二天，水井里的水像烧开了一样沸腾了，老板打上来尝了尝，居然是上等的美酒，味道绝对不比他酿出来的差。他心里明白，这是那位老道士的法力。自己是碰到老神仙了，这个酒就是老神仙送给他的，于是就把这个酒叫作"神仙酒"。

从此，小酒馆的老板再也不用粮食来酿酒了，他的日子越过越好。

过了几年，那位道士又来了，问小酒馆的老板：生意怎么样？这酒卖得还好吗？老板笑眯眯地说，生意很好，多谢道长的关照。这时，在一旁的老板娘说："这酒好是好，就是没有用粮食酿，所以喂猪的酒糟也就没有了，这总是一件遗憾的事情。"

道士听着老板娘的抱怨，长叹一声，转身把手伸进了井里，那颗仙丹就从井里跳了出来，道士将仙丹放回渔鼓内，飘然而去。这口井便恢复了老样子。①

这个故事在严州流传很广，还有人为此编了一首打油诗："天高不算高，人心比天高。井水当酒卖，还嫌没酒糟！"很明显，这个故事旨在讽刺那些贪得无厌的人。

这个抱怨没有酒糟养猪的小酒馆老板娘和《渔夫和金鱼》中的那个渔夫的老婆一样，得寸进尺，永远也不满足，最终被收走了一切，让到手的幸福毁于一旦。

不过我们也可以"逆向思维"一下：这个美酒的故事为什么会产生在这里？答案只有一个：严州原本就是

①〔明〕冯梦龙《古今谈概》：浙东桐庐县，旧有酒井。相传有道人来一酒肆饮酒，饮毕辄去，酒家也不索值。无以报，乃从渔鼓中泻药一丸，投井中。明日，井泉沸腾，挹之皆甘醴，俗呼为"神仙酒"。其家人用此致富。后道人复来，酒家妇人曰："酒则美矣，奈乏糟粕饲猪，亦一憾事。"道人叹息，以手探井中，药即跃出，置渔鼓中。井复如旧。

且不说如今妇孺皆知的浙江两大名酒之一的严东关致中和五加皮酒，严州美酒的名声早在宋朝就已经有记载了。南宋人周密编著的《武林旧事》中的"诸色酒名"中就有"严州萧洒泉"酒。

南宋罗大经写的《鹤林玉露》中提到了严州的萧洒泉酒——

> 唐子西在惠州，名酒之和者曰"养生主"，劲者曰"齐物论"。杨诚斋退休，名酒之和者曰"金盘露"，劲者曰"椒花雨"，尝曰："余爱'椒花雨'甚于'金盘露'。"心盖有为也。
>
> 余尝谓与其一于和、劲孰若和、劲两忘。顷在太学时，同舍以思堂春合润州北府兵厨，以庆远堂合严州萧洒泉，饮之甚佳。余曰："不刚不柔，可以观德矣；非宽非猛，可以观政矣。"
>
> ——〔宋〕罗大经《鹤林玉露·丙编》卷四

其中提到的"思堂春""北府兵厨""庆远堂"等酒名也见于《武林旧事》一书之中。

《养生主》《齐物论》都是道家经典《庄子》中的篇章，《养生主》主要谈人处世养生的方法，主张养生要顺应自然；《齐物论》谈庄子的宇宙观，他认为宇宙间的万物都是齐同的、平等的，都有自己生存的权利。

唐子西名庚，眉州丹棱（今属四川）人，绍圣进士，北宋著名的文学家、诗人，因为与苏东坡同乡，人称"小东坡"。宰相张商英推荐他做了提举京畿常平的官，张商英罢相，唐庚也被贬到惠州安置。走的和苏轼同一条

严州，雪衬南北高峰

路线。"诚斋"是南宋大诗人杨万里的号。"金盘露"和"椒花雨"借以形容酒的性质。杨万里曾经写过《赋金盘露椒花雨》的诗，其中有"金盘夜贮云表露，椒花晓滴山间雨。一涓不用鸭绿波，双清酿出鹅黄乳"的句子，可以大致窥见其中的深意。

罗大经在这里对唐庚和杨万里的观点做了点评，同时也表达了自己的看法，认为与其只强调单方面的优势，不如将二者结合起来，达到"不刚不柔，非宽非猛"的中庸状态，这才是人生的最高境界。

陆游的《老学庵笔记》中还有一则严州人做酒的记录——

承平时，滑州冰堂酒为天下第一，方务德家有其法。

滑州即今之河南滑县。宋仁宗宝元二年（1039），欧阳修贬任滑州通判，建了一处新的办公室，取名"冰堂"，表示自己冰清玉洁、含冤被贬，寄寓"一片冰心在玉壶"之意。欧阳修自己酿酒喝，就将酒取名为"冰堂酒"。因为欧阳修的影响，冰堂酒成为当地一大名酒，是当下河南名酒道口大曲的前身。

苏轼《送欧阳主簿赴官韦城四首》（其三）诗云："白马津头春水来，白鱼犹喜似江淮。使君已复冰堂酒，更劝重新画舫斋。"苏轼的学生黄庭坚也大夸冰堂酒好："冰堂酒好，只恨银杯小。"①

方务德名滋，严州桐庐人，历任地方高官，三为监司，五任郡守，七领节帅，经略两广，是一个勤勉务实的官员。他跑的地方多，见多识广，家中秘藏冰堂酒的酿造方法，是完全可能的。

① 〔宋〕黄庭坚：《清平乐·饮宴》。

东南少帅的风流韵事

李文忠（1339—1384）是明太祖朱元璋的外甥，明朝开国大将之一，幼名保儿，淮安路盱眙（今江苏盱眙）人。十二岁的时候，母亲就死了，父亲李贞带着他在乱军中寻找舅舅朱元璋，历经艰难险阻，辗转颠沛，两年后才在滁阳（今安徽滁州）军中找到朱元璋。朱元璋见到保儿，十分高兴，赐其姓朱，取名文忠，把他当成自己的儿子一样来培养，请人教他读书识字，练习武艺。文忠很聪明，一学就会。十九岁那年，以舍人的职务率领近卫亲兵，在皖南作战，所战必胜，"骁勇冠诸将"，不仅打下了徽州府的石埭、太平、旌德几座县城，并由徽州攻入浙西，在淳安夜袭元兵，收服降兵一千余人，以功升授帐前左副都指挥使，兼领元帅府事。

至正十八年（1358）三月，文忠会合大将邓愈、胡大海各路兵马进攻建德路，元守将不花闻风而逃，严州何良辅率领乡亲打开城门迎接。文忠改建德路为建安府，不久恢复了严州府的旧称。

从至正十八年进驻严州，到至正二十六年（1366）兵下杭州，统一全浙，文忠在严州前后九年，上马带兵，下马治民，不仅是一位勇猛无敌的"白袍小将"，更是

李文忠戎装像

一位善理民政的"一方诸侯"，懂军事也懂政治。打下浦江的时候，浦江大族义门郑氏逃往山中躲避，文忠派人到山里宣传政策，叫他们不用害怕，并且派出部队护送，浦江百姓见了，欢呼万岁，文忠的做法极大地争取到了民心。

当时的严州处于张士诚、方国珍等几股势力的交错地区，是战争的前沿阵地，也是朱元璋安插在这里的一枚扎实的钉子，是一块重要的"敌后根据地"，其战略意义十分重大。因此，张士诚几次三番地攻打严州，想拔掉这颗眼中钉、肉中刺，但都被文忠坚决地打回去了。

由于严州重要的战略地位，至正二十三年（1363）春，朱元璋将浙东行省的省治从金华移到了严州，就在前一年，二十四岁的文忠被任命为浙东行省左丞，统领严州、衢州、信州（今江西上饶市）、处州（今浙江丽水市）、诸全（今浙江诸暨市）等处军马，成为一名独当一面的少帅。

在严州，文忠牢牢地掌握着军事的主动权，不仅几次击败张士诚的来犯，而且平定了好几次内部的军事叛乱，始终保持着以严州为中心的浙东行省的稳定，为朱元璋免除了后顾之忧，为后来的战略反攻积蓄了力量，也为北上中原、统一全国扫清了道路。

朱元璋登基后，建立明朝，年号洪武。李文忠和大元帅徐达分道北伐，扫荡元朝的残余势力，擒获元朝皇室诸王将相、后妃多人，缴获宋元图册珍宝无数，献捷京师。朱元璋登奉天门接受朝贺，大封功臣。李文忠被封为荣禄大夫、右柱国、大都督府左都督，拜曹国公，配享太庙、功臣庙，位列徐达、常遇春之后，排名第三。

李文忠为朱元璋经略东南、稳固后方发挥了重要的作用。严州的地位也由此突显。有明一代至清朝前期，严州在浙江的地位都是第二，仅次于省会杭州，可见严州地位之重要。

尽管李文忠作战勇猛，为人谦和，深得民心，但是毕竟年轻，缺乏社会阅历，难免有失误之处，刘辰《国初事迹》一书中就记录了这样一件真实的事情。

李文忠在严州的时候，曾经把一个妓女带到家中留宿，这件事被远在南京的朱元璋知道了，这个舅舅够狠的，派了人去，把这个妓女给杀了，并且将李文忠召到京师问罪。还好那位贤德的舅妈为他说了许多好话，舅舅才放他回严州。

作为一个独当一面的统帅，怎么能够和浪荡公子一样眠花宿柳呢？这确实不太像话，须知你身上的担子有多重呀！李文忠这一次一定是受到了严厉的训斥，回来后惶惶不可终日，担心有更大的灾祸降临。

这时候，有两个读书人赵伯宗、宋汝章到文忠面前挑拨说："将军这次去京师侥幸回来了，如果再去的话，就不一定了。要早做准备呀。"

为了给自己留后路，文忠就派赵伯宗前往杭州与镇守那里的平章张四联系，待赵回来后，文忠便与帐下的郎中侯原善、掾史闻遵道商议起草投降书的事宜。就在这个关键时刻，使者送来了朱元璋的亲笔家书，信中要文忠再去京师。

收到舅舅的亲笔信，李文忠不敢不去，他惴惴不安地到了京城。舅舅并没有难为他，李文忠心中的一块石

一　文忠守嚴州取娼妓韓氏在家留宿
太祖知之差人将韓氏誅之呂文忠問罪
皇后勸諫後令還嚴州既至儒士趙伯宗宋汝章乘機說
文忠曰此去得聞若再取不得面也當早圖之文忠於
是使伯宗等潛往杭州張四章平處通好伯宗既回文
忠與郎中侯原善掾史聞遵道議降書間
太祖差剗期齎親筆家書後召文忠文忠得書甚喜比到
京
太祖大悦撫之甚切賜以好馬銀兩令文忠速還嚴州用
心鎮守文忠既遷與侯原善等曰我幾乎着你等候誤
了此事當知何巨處若爭泄何面目見
上位原善曰大人既我等性命當有簡處置止原餌此二
人無言語為上計文忠悟之仍以書付伯宗等以蓮宴
錢之使其醉令宣侯愈也先管送里船批列大俟泄下
文忠已令濟食侯於瀨岸呼迤岸曰官人一再有分
付言語深舍上船將伯宗等綁投於水
一
太祖嘗曰濠州乃吾家鄉張士誠拠之我難有国而無家

刘辰《国初事迹》载李文忠事

头终于放下了地。朱元璋见到外甥很高兴，又是贴心安慰，又是赏赐奖励，给了银两又给了名马，有些超乎寻常，大概是觉得上次对文忠的斥责有些过分，想挽回一下吧。他要文忠尽快返回严州，处理好军政大事，切实做好防务工作。此时的文忠心中是又惭愧又懊悔，觉得自己有负舅舅的期望，差点犯下不可饶恕的错误。

怀着忐忑不安的心情，李文忠回到了严州。他马上把郎中侯原善等人找来商量，将这几个出馊主意的家伙骂了一顿："我差点上了你们的当，犯下灭门的大罪！这件事接下来应该怎么办？如果走漏了风声，我还有什么面目去见舅舅？"

"办法倒是有一个，只是大人要开恩，保留我等的性命。"侯原善说，"其实很简单，大人只要想办法让这两个送信的人不开口就可以了。"

李文忠听了，恍然大悟，随即命人再写一封书信，让赵伯宗和宋汝章送去。临走时，设宴为两人饯行，把两个人灌醉，并且派人将他们送上船。待官船来到下游大浪滩的时候，李文忠已经安排人员在那里守候，在岸上呼叫，让船只靠岸，说是大人还有言语吩咐。官船靠岸后，公差们登上船去，将赵、宋二人绑了，投入水中处死，清除了后患。

李文忠通敌是一起严重的政治事件。要是没有马皇后的劝阻，这次叛降策划难保不会成为事实，这样一来，敌我双方的天平就可能倾斜，历史或将重写。

在后人眼里，这是一件匪夷所思的事情——身为大将的外甥居然会背叛自己的娘舅而去投奔他人！但是你只要想想在皇权专制的统治下，统治阶级内部发生过多少父子相残、兄弟为仇的事情，就可以理解了。

这样的事情四十多年后就在明朝皇室内部爆发了：朱元璋的第四个儿子燕王朱棣以"清君侧"为名，发动了"靖难之役"，抢夺了侄儿建文帝朱允炆的皇位。朱允炆生死不明，他的儿子被幽禁了几十年，成为一个废人。忠于朝廷的大臣被杀无数，而打开南京城门迎接燕兵的正是李文忠的儿子李景隆，虽然"靖难"有功，官封极品，位列群臣之首，但后来也被削去爵位，圈禁至死。

刘辰（1341—1418）只比李文忠小两岁，而且在严州做过李文忠的幕僚，为稳固严州的战略地位做出过不小的贡献。刘辰关于李文忠事迹的记载近乎实录，是出于第一手的"三亲"史料，可信度是相当高的。

明朝开国后，刘辰担任过镇江知府，永乐初年，因李景隆的推荐，参与《太祖实录》的编撰工作。

证明这件事情的还有另外三条史料。一为《明史·孝慈皇后传》：

> 李文忠守严州，杨宪诬其不法，帝欲召还。后曰："严，敌境也，轻易将不宜，且文忠素贤，宪言讵可信？"帝遂已。文忠后卒有功。

这条史料出自正史，是比较权威的。其中提到的杨宪，《明史》没有为其立传，生平见于清傅维麟《明书·杨宪传》。

杨宪（1321—1370），本名杨毕，字希武，太原阳曲（今山西太原）人。从小跟随做官的父亲在江南生活，算得上是半个江南人士，拜刘伯温为师，政治派系上属于浙东集团。元至正十六年（1356），朱元璋攻克集庆路（今江苏南京），杨宪前往投奔，被收留在幕府工作，执掌文书。杨宪的口才、文才都很好，办事干练，出色地完成了出使张士诚、方国珍的任务，深得朱元璋的信任。后来成为朱元璋特务网络"检校"的成员，是朱元

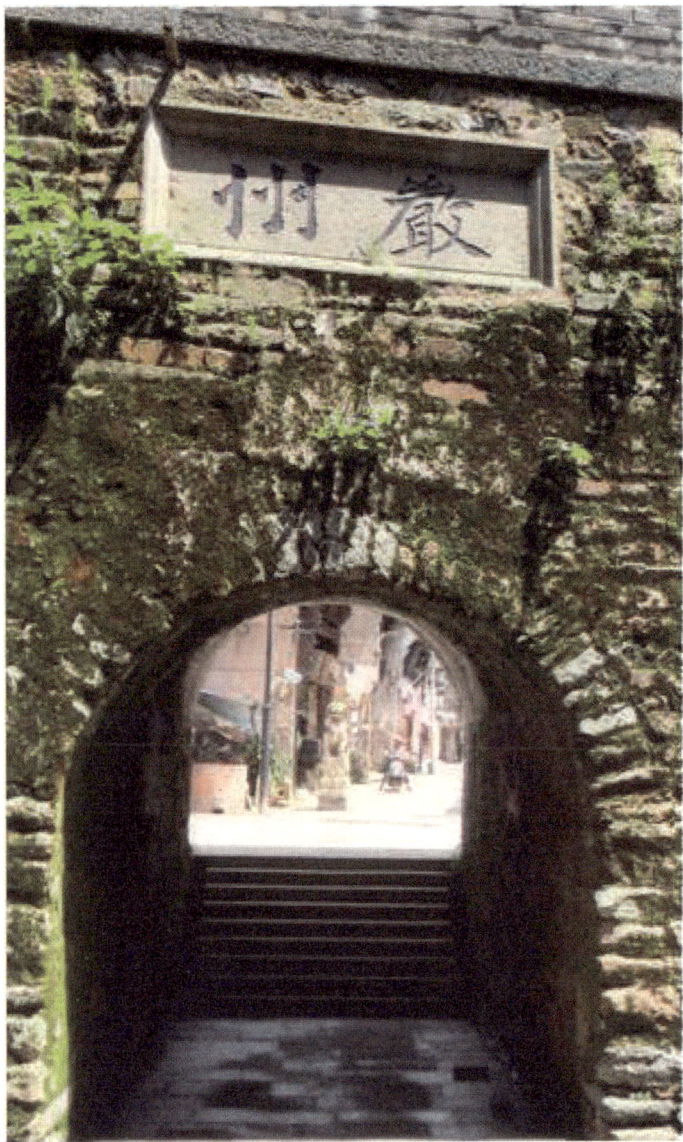

严州府城门

璋的心腹爪牙，官职不断提升。洪武元年（1368），杨宪被任命为参知政事，第二年即升迁为左丞相，进入了行政中枢，职务超过老师刘伯温，已经是"位极人臣"了。朱元璋的原意是让他在中书省掣肘左丞相李善长的相权，谁知杨宪大权在握后却开始膨胀起来，他专断跋扈，结党营私，恃宠骄横，引起群臣的不满。他擅杀侍御史刘炳，攻击李善长，引起了朱元璋的警觉，终于招来了杀身之祸。

当年李文忠担任浙东行省左丞驻兵严州的时候，朱元璋特地派杨宪到严州，表面上是行省左丞的僚属，实际上却是派来监督李文忠的。朱元璋对杨宪说："文忠是我外甥，但是他年纪太轻，没有经过什么历练，浙江方面的事都由你做主，如果出了问题，我只拿你问罪。"

这时有五个儒士来投奔李文忠，杨宪很快就向朱元璋做了报告，朱元璋随即命令李文忠将这五个人送往京师，经过甄别，杀了两个，留用了三个。当时的浙江除了朱元璋以外，还有张士诚和方国珍两大势力，许多读书人首鼠两端，朝秦暮楚，毫无节操，朱元璋对这些人很不放心，所以派杨宪到严州来盯着。"诬其不法"很有可能是指李文忠和儒士们来往的事，而未必是与敌方"通好"的内幕，所以朱元璋其实并没有掌握内情。

经过紧急处置，李文忠总算把这件事摆平了，度过了一场不小的政治危机。但是这件事始终是他的一块心病，直到晚年都放不下。好在许多年过去了，这件事并没有暴露出来，李文忠也慢慢宽下心来。可是在胡惟庸案的追查中，有人揭露了这件事情，朱元璋十分吃惊，由于李文忠的显赫功绩，他也不便说什么，只是心里对李文忠已经十分冷淡了。

有一次，李文忠向朱元璋进谏，要他裁减宫中的太监和宫女，说宦官太多有悖于"天子不近刑人"的古训。朱元璋听了大怒，责问他："这话是谁教你说的？"并且派人将他府中的儒士幕僚全都抓去杀了。李文忠吓坏了，联想起多年前严州的这一桩公案，越想越怕，终于病倒了。

听说李文忠病了，朱元璋派了太医前来诊治，并且亲自登门看望。李文忠想趁此机会坦白严州的事情，却被朱元璋制止了。第三天，这位明朝的开国元勋就离开了人世，年仅四十六岁，可谓盛年而殁。

事后，朱元璋将看病的太医及其家属统统处死了，"医疗小组组长"淮安侯华中被削去爵位，家属被充军。至于这桩案件的真正凶手是谁，或者说幕后策划者是谁，早已沉入历史的深处，无人知晓了。

修《元史》的严州人

自古以来，史官都是一个神圣的职业，他们负责对历史的记录和研究，所写的内容连最高统治者都不得干预。历代王朝都设有专门的史馆，在史馆中工作的史官都是国家公务员，一般都从三考出身的进士中挑选文才出众的人员担任，但是明朝却有例外。

明朝初年修《元史》的写作班子，几乎全由民间的草台班子组成，在这些"山林遗逸之士"之中，有一位是来自严州的徐尊生。

《元史》的总裁官宋濂和王袆都是浙江婺州人（宋濂是婺州浦江人，王袆是婺州义乌人），婺州与严州相邻，徐尊生和宋濂、王袆一样，都是文化圈中的知名人士，互相比较了解，所以宋、王二人才会向朝廷推荐徐尊生。

《元史》的纂修班子里还有一个曾鲁，也是一个才子。曾鲁是江西新淦（今新干）人，从小就是个神童，七岁时就能够背诵《五经》，博通古今，上下数千年的政治制度、历史沿革、风云人物皆烂熟于心，而且还有文学天赋，吟诗作赋，无所不能，因此被推荐来修《元史》。徐尊生则精于地理之学。每个人都有自己的强项。

史馆中的专家学者都是宋濂点名要来的，作为《元史》的总编，他对于大家的绝活都十分熟悉，和每个人都能找到共同语言，尤其喜欢和素有博雅之称的曾鲁聊天。

有一天，两个人谈诗论文，聊得十分投机，不知不觉之间，已是红日西斜，意犹未尽，他们就让侍从人员点上灯来，挑灯夜谈。两人都感叹人心不古，认为时下的读书人只会弄些于事无补的空头理论，使学问失去了

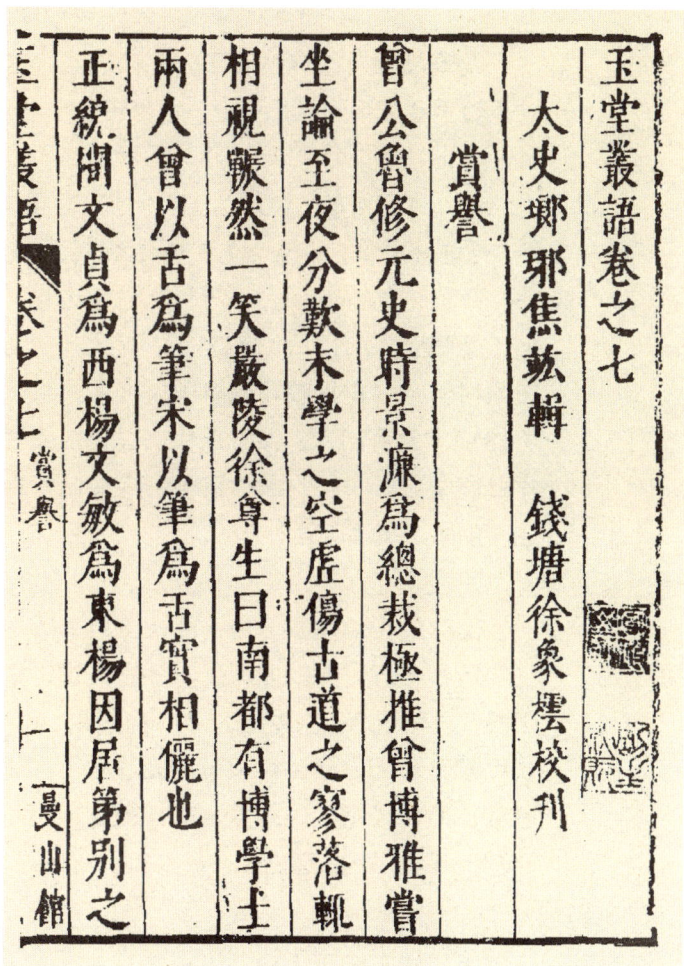

焦竑《玉堂丛语》卷七《赏誉》

生机，沦为"末学"。

徐尊生在一旁当了一天的听众，深受感染，在旁评论道："南京城里有两个博学的人，一个是宋濂，一个是曾鲁。曾鲁的口才好，出口成章，'以舌为笔'；宋濂的文才好，下笔千言，倚马可待，'以笔为舌'。两个人各有所长，不分上下。"

这段故事被明人焦竑记入《玉堂丛语》之中，成为一段文坛佳话，颇有《世说新语》的味道。

大概是因为徐尊生的评价比较恰当，这段话后来竟被原封不动地用到了《明史·曾鲁传》中——

> 淳安徐尊生尝曰："南京有博学士二人，以笔为舌者宋景濂，以舌为笔者曾得之也。"

徐尊生（1319—1385？），字大年，号赘叟，淳安考槃村（今淳安县威坪镇厚屏村）人。生于元延祐六年（1319）七月初六。徐家世代书香，祖父号春亭，曾入学最高学府国子监；父徐直子，字仲儒，为郡庠生，曾应聘预修《青溪（县）志》。

徐尊生自幼聪敏，是一位博览群书的才子，七岁就能作诗，十五岁时就能写出一手好文章，诸子百家烂熟于心，学识渊博。徐尊生的青少年时期，正值天下大乱，农民起义风起云涌，科举考试无法举行，只能在家隐居避乱，但他经常走出山区，前往徽州、婺州、严州各地交游，寻访山林隐逸之士，扩大自己的眼界。

至正二十四年（1364），徐尊生来到了严州府城。此时的严州早已为朱元璋手下的大将李文忠攻占，长江上游的劲敌陈友谅已经被朱元璋消灭，朱元璋尽拥两湖之地，并在严州设立了浙东行省，此处成为朱元璋在东南前线的桥头堡和指挥中心。

这一年重阳节，严州太守郭彦仁在州城乌龙山举行登高诗会，邀请地方名流和僚属们参加，徐尊生也应邀在座。诗会以杜甫"坐开桑落酒，来把菊花枝"分韵，大家各赋五言古诗一章，每章十六句。创作完成后，交由徐尊生写序，徐后来写下了《九日乌龙山宴饮诗序》一文。

洪武元年（1368），明太祖朱元璋在南京登基，明朝开国。但此时天下远未平定，北有元朝的残余势力，西南、西北、岭南都还有许多割据势力作乱。明太祖想借修《元史》的举措来证明自己的正统地位，所以在即位当年就下诏编修《元史》。他访寻天下未仕元的遗逸之士参与修史。据相关记载，共有汪克宽、胡翰、赵埙等十六位"山林隐逸之士"（民间知识分子，也就是所谓的"草根学者"）接受征聘，参与纂修工作。

洪武二年（1369）春正月，使者至淳安宣读皇帝的诏书，命令徐尊生三月就要赶到京城南京。这一年，他已经五十岁了，家贫体弱，眼花多病，且有妻儿老小的拖累，自称"不堪世用"，但是"郡县敦迫，辞避不可"，不敢违命，只得接诏赴京。"州司忽见临，驱迫出蓬户。欲行势仓皇，不行恐遭怒。束书竟登涂，妻子那暇顾。"[1]接到命令马上就要往京城赶，看不出奉旨进京的荣耀，倒是有几分妻离子别的恓惶。

编修《元史》是新朝的一件大事，是一项政治任务，皇帝亲自点名由"开国文臣之首"宋濂和另一位大文人王袆担任总裁，以左丞相李善长为监修。洪武二年二月

[1]〔元〕徐尊生：《呈崔尚书》。

杭州风雅 HANG ZHOU

丙寅（初一），在南京的天界寺（今南京朝天宫东）正式开局，启动编纂工作。

这年的七月初六是徐尊生五十岁生日，看着镜子中渐添的白发，自己一人孤身在外，客旅之中过生日，倍感寂寞，写下了《七月六日生日有感》一诗——

> 客中生日近七夕，老子行年当五旬。
> 梦寐不忘林壑趣，形模难作市朝身。
> 已甘素发欺凌我，只怕缁尘染污人。
> 归去秾田秋已熟，新醪烂醉瓮头春。

因为是最高领导布置的政治任务，必须快速地完成，所以这次编纂工作到下半年八月癸酉（十一日）就完成了，只用了一百八十八天的时间，便修成了除元顺帝以外的本纪三十七卷，志五十三卷，表六卷，传六十三卷。由于顺帝一朝尚属空白，全书实际上并没有全部完成，于是只得派遣欧阳佐等人到全国各地调集有关史料，徐尊生则被留在南京待命，不许回家过年。这年年底，徐尊生有《冬至感怀》一诗——

> 正月辞乡赴帝畿，蹉跎岁晏只堪悲。
> 阳春自是有回日，漂泊何因无返期。
> 暗推造化循环理，遥忆家人镜听词。
> 旦暮不忘林壑念，寸心惟仗老天知。

洪武三年（1370）二月六日，《元史》编纂重新开局，仍命宋濂、王祎为总裁，率领赵埙、朱右、贝琼等十五人继续纂修。经过一百四十三天的奋战，到七月初一书成，增编顺帝纪十卷，增补元统以后的《五行》《河渠》《祭祀》《百官》《食货》各一卷，三公和宰相表的下卷，《列传》三十六卷，共计五十三卷，合前后两本书，共成二百一十卷，两次纂修加起来历时也仅三百三十一天。

徐尊生精通地理之学，负责《地理志》的修纂工作，《元史·地理志》的序言即出自他手。

徐尊生写过一首《读元史偶书》的诗，对自己参与编纂《元史·地理志》有一个很好的总结——

> 前朝实录与修纂，异闻可记不可删。
> 穷河直至星宿海，祭天远在日月山。
> 笙名兴隆杂凤吹，斧号劈正当龙颜。
> 似兹前古殊未有，偶吟一二资余闲。

这首诗涉及元朝探河源、祭天、升殿等大事，信息含量十分丰富。在《元史·地理志》第六卷中，徐尊生专门写了一篇《河源附录》，对于黄河源做出了比较科学的介绍。

《元史》完成后，太祖下令嘉奖有功人员，上谕中说："其壮而可仕者，授之以官；老疾者许其归。"由于学术修养精湛，工作出色，经大学士宋濂荐举，徐尊生被任命为翰林应奉，负责皇帝诰书也就是通常说的圣旨的起草撰写的重要工作。

据说朱元璋曾经问过宋濂，谁可以接他的班，宋濂毫不犹豫地推荐了徐尊生。被授予翰林应奉之后，徐尊生深感皇恩浩荡，写下了《授翰林应奉》一诗——

> 布衣昨日孤寒士，翰苑今朝已授官。
> 幼有文章淹滞久，老无筋力进趋难。
> 随班香案晨簪笔，列坐宫门午赐餐。
> 早晚归休宜引分，免教白发点金銮。

但是，徐尊生记挂着家乡的青山绿水、锦峰绣岭，想念家中的妻儿老小，他向皇帝打了几次报告都没有被批准还乡，只能耐着性子继续干下去。又是一个新的一年来到了，徐尊生怀着复杂的心情写下了《新年》一诗——

> 江上年华与浪奔，天涯心绪向谁论。
> 持竿本住桐庐岸，被褐偶来金马门。
> 足蹑风云非老事，鬓垂霜雪是愁痕。
> 韭苗荠叶添新绿，昨夜东风入故园。

徐尊生一直在忙着，先是奉命在宫中纂修《日历》，完成了《日历》后，省臣一再挽留，续修《庚申君史》，紧接着编纂《礼乐书》。洪武三年（1370）正月，他与同事二十余人入礼局，著有《祀天总序》《祀地总序》《籍田享农总序》《祭日月总序》等文，"其邃于古学而辨博精诣，不牵于纷纭聚讼之词，同局皆化，敛衽加敬"。是年夏六月，《大明集礼》书成，徐尊生不待进书，即请归，并且谢绝了国子监、翰林院、太常寺等部门的盛情邀请，执意回乡。终于七月获准，朝廷赐以"翰林流芳"匾额一方，银带一条，白银一百两，礼送而归。

准予回乡后，徐尊生的喜悦之情溢于言表，归途中一连写下《离京归途杂咏二十首》，直抒胸臆，毫不掩饰心中的感情。试举其中两首——

> 两年留滞帝王州，长恐归心不自由。
> 今日始知身属我，秦淮河上发轻舟。

> 七里滩头忆去时，双台回首重依依。
> 先生应为徐生喜，江水云山果是归。

大有飞鸟挣脱牢笼的感觉。

回家后，徐尊生忙于编集文稿，名之曰《怀归集》，请《元史》总裁官王祎作序，并应邀为地方写作各种应酬文字如记、传、序、跋等，讲学于各地，十分忙碌，有《淳安县学记》《栖筠楼记》《华川精舍记》《西郭徐氏宗谱序》等文。据《明诗综》引《诗话》一书记载："（洪武）六年（1373）九月诏编《日历》，复与纂修之列。又固辞还山，拂帝意，出为陕西教授，未行而卒。"看来，徐尊生奉召不是一次，而是两度出山。第一次是洪武二年（1369）三月，至三年（1370）七月还乡，历时十七个月。第二次为洪武六年，完成《日历》的纂修任务后"固辞还山"，惹得朱元璋很不高兴。

居家十多年后，朝廷再一次召他进京任职，徐尊生虽然再三推辞，均不获批准，只得出任陕西教授一职，但是不待启程，就已生病，不久即逝世了。

徐尊生生性散淡，热爱农村生活，所作诗文，清新堪读。《诗话》评其诗云："大年诗格清老，譬诸画手绝无铅粉之饰。"他的诗，犹如一幅幅山水画，一篇篇肺腑言，色彩鲜明，直抒胸臆，但是这样的"草根诗"很难入庙堂之眼，"顾诸选家多不甄录"，这也是他的诗作很少传世的原因。

徐尊生著述丰富，有《制诰》两卷，《怀归稿》十卷，《还乡稿》十卷，《春秋公羊经传》十四卷，《春秋论》两卷，《鸣缶集》一卷，《静志居诗话》一卷等，大多散佚。其中《制诰》《怀归稿》《还乡稿》三种入《明史·艺文志》，《春秋论》入《四库全书·经部》。

在翰林院供职时，徐尊生还参与了皇家文物的鉴定工作，其中有唐朝韩干的名画《照夜白图》，此图现藏于美国大都会艺术博物馆，上有徐尊生的鉴赏印鉴两方，一为"尊生"，一为"徐大年"。

徐尊生无疑是一位旷世奇才，他的著述文章流传于世，是一份宝贵的文化遗产。他的青少年时期和晚年时期，都在山中度过，只是在盛年时应聘出山，为国效力，但是时间很短，前后不过三年，就坚辞回家了。在明初大杀功臣、文士的血雨腥风中得以善终，实在值得庆幸。他的朋友高启日夜求归而不得，最终被朱元璋处以腰斩的酷刑，成为旷世的悲剧。

高启（1336—1374），是元末明初著名的文人，与宋濂、刘基并称为"明初诗文三大家"，他本不愿做官，无奈屡次请辞都不获批准。他与徐尊生一起编纂《元史》，徐尊生回乡时，他有《钓台歌送严陵徐尊生太史》送行——

羊裘翁，遗钓台。苍翠两相向，势压千崔巍。巉岩峭壁耸云表，泱泱桐江流绕其下，徒喧豗。清风在翁振千古，唾视轩冕浮轻埃。心怀高洁犹可睹，时吐片月峰头来。先生当代词林载笔有良史才，不展调元手，居鼎台，却思钓台亟归去，胸襟洒落何如哉！胸中之乐何如哉！

此诗仰慕、羡慕之情溢于言表。不想就在送别徐尊生回家后的第三年，高启惨遭腰斩，年仅三十九岁。

和传统的读书人一样，徐尊生原本也是想有所作为的，这在他的《隐逸传序》一文中有明确的表达："君子负经世之术，度时不可为，故高蹈以全其志。使得其时，未尝不欲仕，仕而行所学。"但是后来的态度却发生了巨大的转变。从积极谋求入仕到一再要求还山，前后判若两人，是不是他看透了朱元璋残忍的本性，因而对新政权产生了恐惧感？因为没有充分的史料支持，只能留

待后人去做进一步研究了。《春望》一诗，也许最能体
现他复杂的心情——

浩荡波涛海一涯，纷纷平陆起龙蛇。
鹃声只带中原恨，燕子还思旧主家。
不见昔年游赏伴，愁看满地落来花。
伤情宋玉愁何限，目极遥天日又斜。

商辂出世

连中三元的商辂在家乡严州、淳安一带，是一个传奇一般的存在，他的一生行事都被蒙上了一层神秘的色彩。人们尊称他为"商文毅公"（"文毅"是他死后的谥号）。从出生到上学、考试、为官、退休、逝世到安葬，都有许多记载和传说，甚至延伸到他的上代和子孙头上，商辂的父亲商仲瑄是严州府的一个小"公务员"，就住在府衙里面的"干部宿舍"里。

一天晚上，知府大人忽然看见宿舍里红光冲天，以为着火了，赶紧派人去查看，结果并不是火灾。

第二天上班的时候，知府查问这件事，想了解一下昨天晚上究竟发生了什么事情。有人报告说，是商仲瑄的妻子生了一个儿子。

知府听了，大为诧异，觉得出生的时候红光冲天是大吉大利的兆头，他把商仲瑄找来，对他说："你的儿子前途不可限量，今后必定大富大贵，你要好好地培养他。"同时送给商仲瑄一些安家的财物，让他的妻子好生调养。

水滿空如雨居民聚集礫其內忽一轉動溺水死者百餘
人自是民不敢近日暮雷雨飛躍而去疑其龍類也又一
日潮長時魚大小數千尾皆無頭被江而過民異之不敢
取食疑海中必有惡物嚙去其首然嚙而不食其多如許
理不可究子宿雁蕩聞之一老僧云
商文毅公輅父為府吏生時知府夜遙見吏舍有光跡之非
火也翌旦問羣吏家夜有何事云商某生一子知府異之
語其父云此子必貴宣撫之後為辈子浙江鄉試禮部
會試廷試皆第一景泰間仕至兵部侍郎兼春坊大學士
入內閣天順初罷歸有醫善太素脈公命診之云歛祿十
年當再起成化初復起入閣數年致仕

陆容《菽园杂记》卷十二载商辂生平

后来商辂在省考（乡试）、京考（礼部会试）和殿考（皇帝廷试）中连续夺得第一名，成为明朝两个连中三元者之一。景泰年间（1450—1457），任兵部侍郎兼春坊大学士，进入最高权力中心——内阁。天顺初年，他被削职为民，回家隐居。有一个懂得太素脉的医生说商辂命中注定要被罢官十年，但是后来还会继续当官的。果然，成化初年被重新起用，又干了几年才退休回家。

商辂（1414—1486），字弘载，号素庵，严州淳安（今属浙江）人，明中叶时期的名臣。自幼天资聪慧，才思过人。土木堡之变后明英宗被俘，郕王朱祁钰监国，政局危急之时，商辂进入内阁，议决国家大事，极力反对南迁，全力支持兵部尚书于谦保卫京师，稳定了局势。

夺门之变后，明英宗复辟，商辂被削职除名。成化三年（1467），应明宪宗召，重返政坛，再度入阁，并且升为首辅，官至少保、吏部尚书兼谨身殿大学士。晚年因上疏要求罢黜宦官汪直没有结果，以身体不佳为由告老还乡，十年后在家中去世，享年七十三岁。朝廷追赠他为太傅，谥称"文毅"，故后人尊称他为商文毅公。著有《商文毅疏稿略》《商文毅公集》《蔗山笔麈》，纂有《宋元通鉴纲目》等。

商辂为人刚直不阿，宽厚有容，临事果决，当时的人称赞他"我朝贤佐，商公第一"。

商辂出世的故事在严州民间广为流传，并且衍生出多种版本。有说他出世的时候，知府和守备正好在他家屋檐下躲雨，等于说是上天安排严州府一文一武两个官员为他的降生"保驾护航"，可知其富贵无比云云。

记载商辂生平的《言行录》更是说得神乎其神——

永乐甲午年（十二年，1414）二月丁卯，月建二十五日，己巳日主癸酉时，公生于严州府内东首廨舍。缘封君仲瑄公由郡庠生丁外艰，辍学日久，有司援例拘充本府司吏，故携太夫人解氏并居公廨。未分娩前一夕，太府尊李公兴忽梦天上喧哄热闹，彩旗鼓乐迎一巨星送于廨内。既觉，心甚惊异。及次日薄暮分娩，天色晚矣，太府尊退息衙中，又忽见火光盛烛于天，

不胜惶怖，出讯之，非火也，佥以唯有商某方生一儿
子对，别无事也。而红光则尚焰，未之散尽。李公大
异之。待旦升堂，旋唤抱视，适当红日东升，命覆以
华盖观看，一见知非凡器。嘱曰："此子他日必有好处，
可用心抚育。"辄命赐火肘、鸡蛋、白金、白粲等物。
是以至今传说，公一出世便张华盖、食俸粮云云。

查阅《万历严州府志》，李兴，福建人，永乐十年
（1412）由户部郎中出任严州知府，"操履廉正，束吏
甚严，而抚民则宽……乡里无吏卒之扰"。与《言行录》
的记载是相符的，商辂出世时，李兴已经到任两年了。
商辂的父亲商仲瑄（1362—1438），洪武年间在严州府
学读书，后来在府衙里担任执掌文书的工作，是一个小
小的公务员，但是李知府对他照顾有加，看来这个李知
府确实是个好领导。

商仲瑄一家就住在府衙的公房（廨舍）内，因此李
知府才能在府衙的公堂上看见商辂出世时的"火光"。
商仲瑄早年在严州府学中读书，后来在府衙里做了一名
书吏，名义上说是执掌文书，其实只是个抄抄写写的"办
事员"而已，很多地方的传说，如写商辂生平的明代戏
文《三元记》甚至地方志中都将他的姓名误成了商霖。

商氏的先祖来自西夏，是从中原迁徙流落过去的。
北宋时有个名叫商瑗的人在西夏当了官，而且是都知兵
马使这样的要职。宋仁宗嘉祐六年（1061），商瑗出使
宋朝，就带着家眷投归，并且向朝廷提供了重要的军事
情报，受到嘉奖，被安排到睦州淳安县南乡芝山定居，
从此成为淳安人，传到商辂这一代已经是第十二代了。

商辂的同年进士叶盛的《水东日记》中有一段关于
商辂先世的史料。

叶盛说，商状元家珍藏着一件宋代的公文，其中凡
是涉及朝廷的内容全用红墨水抄写。商家的祖上原本是
西夏人，因为向朝廷贡献重要情报有功，被安排到浙中
来居住，就是现在淳安县的寥源，已经有四百多年的历
史了。商辂进入翰林院工作，和他是同科进士，但年长
于他，为人厚道，所以他请商辂为他的先辈的试卷题词。
商辂因此拿出这份珍贵的文物让他过目。他看到卷后已
经题有前辈周功叙的跋文了。

周功叙（1392—1452），名叙，字公叙，一作功叙，
江西吉水人，永乐十六年（1418）进士，授翰林院编修，

叙一跋在卷後也
攜先德卷求題弘載因出此得覽觀焉當時見有周公
四百年於茲矣弘載入翰林予以其同年之長且厚也
來降人相類多所寓即今所居淳安寥源族頗繁衍蓋
書蓋其先本西夏人以獻密有功送浙中意與今安插
商狀元弘載家藏宋時公牒一紙內凡朝廷語言皆朱
水東日記卷十二
欽定四庫全書

明 葉盛 撰

叶盛《水东日记》卷十二载商辂事迹

官至侍读学士，是正统元年（1436）的同考官，十分欣
赏商辂的文才，拟取为头名状元，却被主考官否决了，
只同意取为乙榜，而乙榜进士只能授予教职，商辂考虑
到家中生活困难，本来想屈就一下，但是周叙坚持认为
商辂应该得头名状元，屈就乙榜太可惜了，力劝他再考，
务必夺魁为止。后来商辂果然不负老师的期望，于正统
十年（1445）考中了第一名。

　　科举制度打破了世袭贵族对权力的垄断，打破了社
会阶层的固化，为人才流动提供了空间，是中国对人类
社会的重大贡献。据史料记载，在一千三百多年的科举
史中，一共出现了十五个连中三元的人。其中唐朝两人：
张又新、崔元翰；宋朝六人：孙何、王曾、宋庠、杨寘、
王岩叟、冯京；金朝一人：孟宋献；元朝一人：王崇哲；
明朝二人：黄观、商辂；清朝三人：钱棨、陈继昌、戴衢亨。

　　常言道：文无第一，武无第二。文科第一名包含着
种种偶然性的因素，比如考官的喜好以及仪表、口才（这
里特指殿试时的情况）等原因。商辂身躯伟岸，相貌英俊，
长得一表人才，所以入翰林院后被遴选为服侍皇上读书
的经筵展书官。

　　英宗皇帝对大学士曹鼐说："商辂着他展书，选一
个与他对。"结果前后选了两个，皇帝都不满意。展书
官是负责为皇帝展掩书籍的官员，需要站在皇帝身边，
极为亲近，当然要挑一个像样一点的人来充任了。这时
商辂才三十出头，正是风华正茂、年富力强之时，他学
识渊博，记忆力超强。过了一个月，英宗又有上谕，让
商辂担任讲书的重任。

　　商辂对上刚正不阿，对下宽容有度，时人称赞他"我
朝贤佐，商公第一"。《明史》评论说："有明贤宰辅，

自三杨外，前有彭、商，后称刘、谢。"

商辂的事迹在当朝就已经被编成戏文和小说。戏文有《商辂三元记》（又名《断机记》），两卷三十八折。据《今乐考证》注，为沈寿卿（龄）作。戏文叙浙西人商霖聘妻秦雪梅，霖不幸未婚先亡。其妾鲁爱玉产下遗

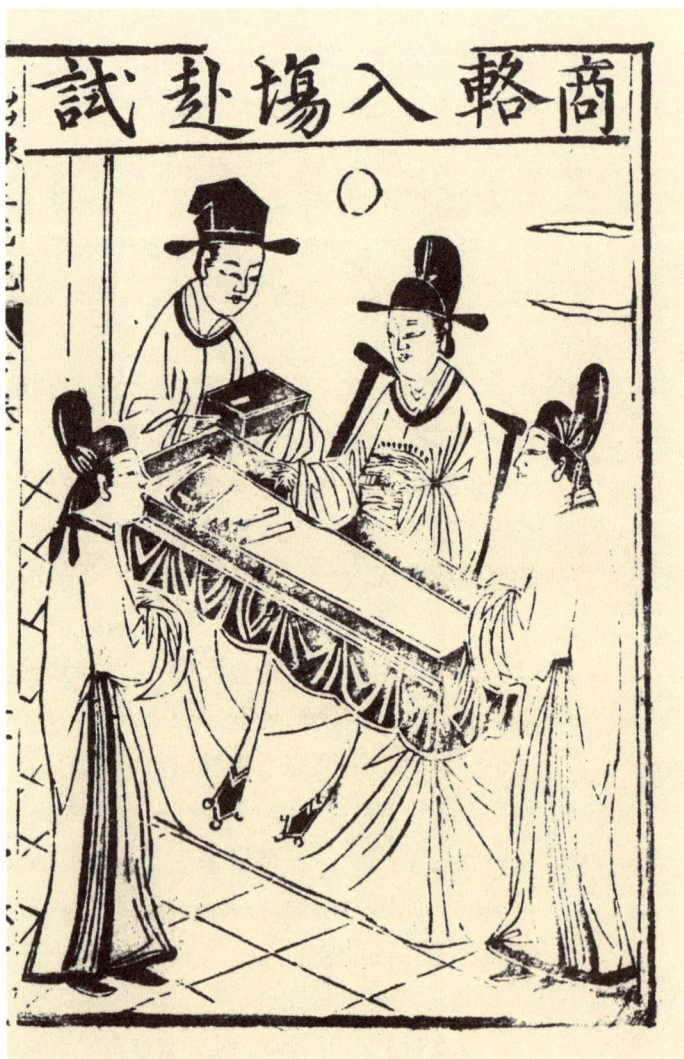

〔明〕《商辂三元记》商辂入场赴试

腹子商辂。秦雪梅为抚养商家后代，定居商家，与鲁氏共同抚育商辂，并且仿照孟母断机教子的典故教训商辂。商辂终于感悟，发奋读书，连中三元。此剧极力宣扬封建伦理，酸腐可厌，思想性、艺术性都不高。明末祁彪佳《远山堂曲品》将其列入"杂调"。有明万历间金陵富春堂刻本，民国二十三年（1934）郑振铎将其收入《汇印传奇》第一集，《古本戏曲丛刊初集》据以影印。

小说有《商文毅决胜擒满四》，收入明周清源著拟话本小说《西湖二集》中。该文说的是商辂力排众议，坚决支持都御史项忠围而不打的战略，擒获大盗满四，平定叛乱的故事。

商辂连中三元，随即选入翰林院，可说是平步青云，起点甚高，并且一生都居高位，但是他始终保持着谦虚谨慎的作风，能够尊重人、团结人，从不居功自傲，因此深得同僚们的尊敬。

商辂一生为官，可圈可点之处很多，但坚守京师反对南迁，从容应对土木堡之变和弹劾大太监汪直，要求撤销特务机构西厂是影响最大的两件事。这两件大事不仅改变了国运，也给商辂的命运带来了重大的影响。前一件事埋下了他含冤入狱、罢官为民的伏笔，后一件事则直接导致了他告老还乡的后果。商辂为此付出了沉重的代价，但在历史上留下了显赫的名声。

百岁船娘

　　"九姓渔民"（旧时多称为"九姓渔船"或"九姓渔户"）大概是严州野史笔记、民间传说中谈论得最多的话题了。因为正史中没有相关的记载，就像传说中的神龙，云里雾里；又像现代科幻小说中的飞碟，谁也没见过，谁也说不准。

　　当然九姓渔民和神龙、飞碟不同，因为九姓渔民毕竟是客观存在的，直到如今还能找到他们的后代，搞不清楚的只是他们的来源和出处。因为大家都说不清、道

九姓渔火

不明，所以各种说法不期而至，始终没有一个定于一尊的权威说法。

在林林总总的史料中，清初严州人方楘如的一则记载颇值得注意。

这不仅因为他是九姓渔民聚居地的严州本地人，还因为他生活的时代比较早，更接近真相。

方楘如，字若文，号朴山，严州淳安人，清初著名学者，以文章名天下。康熙四十五年（1706）进士，任顺天府丰润知县，三年后失官，从此回家闭门读书，再也不涉官场。为文朴茂古奥，人称"朴山先生"。著有《周易通义》《尚书通义》《毛诗通义》《集虚斋学古文》等书。

方楘如《集虚斋学古文》的"杂著"中有一篇《百五岁老妪》，是关于九姓渔民的较早记录，而且是他自己的亲见亲闻，故而史料价值很高。

这篇文章说的是一个一百零五岁的九姓船娘的悲惨故事。

这位老太太姓陈，是九姓渔船上的一个老船娘。相传渔船上的人都是陈友谅水军的后代，陈友谅兵败战死之后，水军东向逃难，来到钱塘江上，归属于浙江的衢州、婺州、睦州三个州郡管辖，每年要向所在地的官府缴纳税收，经官府检验后发给证明，名之曰"邮票"，有此证明才能营业。渔户有九个姓氏，男女之间互相通婚，有如古时候的朱陈村一样。陈老太的渔船隶属于睦州，故而成了睦州人。

陈老太原先有一个儿子，康熙五十九年（1720）

被大军抓了伕，前往福建，做了打杂服务的后勤人员，后就没了音信。儿子没了，陈老太不得不投靠外孙过日子——外孙也是九姓渔户。后来外孙也死了，又依靠姊妹的孙子（离孙）在渔船上漂泊过活。

陈老太生于明崇祯四年（1631），到雍正十三年（1735）已经有一百零五岁了，在当时五六十岁就已经算是高寿的情况下，一百零五岁的陈老太简直就是一个活神仙了。更何况她一辈子都在水上漂泊，栉风沐雨，经受了常人不遇的苦难，仍然能够活到这个岁数，绝对是个奇迹了，这也可能是方粲如这样的大文人愿意屈尊为她做记录的原因。

在朴山先生的笔下，一百零五岁的老船娘眼目干枯，脸上布满星星点点的老人斑，蓬松的头发只有寸把长，已经挽不起发髻了，披挂在额头上。不过牙口依然很好，甚至还能够咬得动干肉，有时候还能帮着离孙摇一摇橹呢。脑子一点都不糊涂，对于明清换代之际的事情记得很清楚，常常给人说道。遗憾的是，这些重要的史料方粲如没有记录下来。

老船娘说，雍正八年（1730）她一百岁的时候，新上任的严州知府蒋林要为她祝寿，她死活不肯，极力推辞。

她对知府大人说："大人千万别给我做寿，我已经有了教训了！老太婆我八九十岁的时候，官府按惯例要给我赏赐一些做寿的礼品，但是名单才报上去，地方上的地保里正们就上门来索要各种手续费，百般刁难，最后，官府发下来的那一点点礼品还不够孝敬这些地保里正们。

"如今大人的赏赐比以往丰厚，那么他们来索要的也就越多，我一个无依无靠的孤老太婆，到哪里去弄钱来

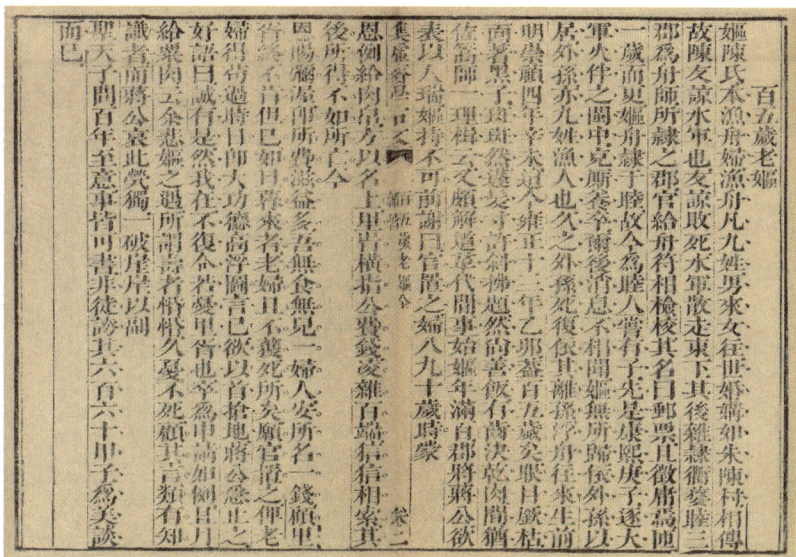

方楘如《集虚斋学古文》卷二载《百五岁老妪》

孝敬他们呀！要是他们没日没夜地上门来刁难、勒索，我这把老骨头是死定了。大人哪，你的好心我领了，但是恳求你千万不要为我做寿了，让我过几天安稳日子吧。这才是最大的功德，胜过造七级浮图（宝塔）了。”

说罢，就要跪下去叩头。蒋知府见了，连忙将她搀扶起来，好言安慰说："老人家，快快请起。回头我查一下，如果真有这种事情，有我在，谅他们也不敢。我不会让你再受他们欺负的。"蒋知府仍然按照朝廷的相关规定给老船娘送去贺寿的钱物，并且每个月发放粮食和猪肉。

对老船娘的悲惨遭遇，方楘如表示了深切的同情。大凡年纪大的人都认为自己老而不死是个累赘，所谓"老而不死是为贼"，然而这位百岁老人的言语见识绝非常人可比，倒像一个有知识、有文化的人说的话，令人钦佩。而蒋知府以府太爷的身份，放下架子为一个无依无靠的贱民服务，这种做法尤其值得称道。

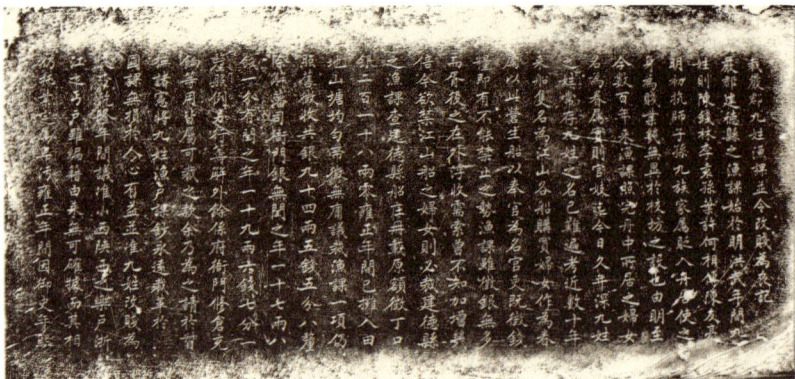

九姓渔民改贱为良碑

蒋知府名蒋林，全州（今广西全州县）人，雍正八年（1730）由翰林出任严州知府。地方志上称赞他"刚断廉正，力除奸弊……革除里递杂派"，是一个亲民的好官。

九姓渔民是生活在钱塘江上的一个特殊群落，九姓为陈、钱、林、李、袁、孙、叶、许、何，旧时称"九姓渔户"或"九姓渔船"，严州人多称之为"渔船上人"，与陆居的"岸上人"鸿沟分明，除了买鱼卖鱼，极少往来，更不会谈婚论嫁，九姓渔民的婚嫁只在内部进行。

关于他们的来历，官方的正史和方志中几乎没有记载，只有少数文人从猎奇的角度对之进行记录，但往往都是一鳞半爪，难窥全豹。方桄如这篇文章作于雍正末年，是迄今为止所见到的较早的记录。

今天能见到的还有两位福建文人张际亮和林昌彝的记录，都作于道光年间（1821—1850），比方文要晚一百多年。

张际亮（1799—1843）是建宁（今福建建瓯）人，

鸦片战争时期著名爱国诗人。关于九姓渔民的记录见于他的《南浦秋波录》一书——

> 又有所谓江山船者，其户皆隶于建德，亦曰建德船。世言陈友谅既败于鄱阳湖，其党九人逃至睦、杭间，操舟为业，其裔乃沦落为妓。今九姓自为族类。

林昌彝（1803—？）是侯官（今福建福州）人。道光十九年（1839）举人。曾任教官，著有《射鹰楼诗话》，他在这本书中说——

> 茭白船即江山船，船户凡九姓，不齿编氓……九姓皆桐庐、严州人……世传陈友谅既败，其将九人逃至睦、杭间，其裔今为九姓船也。

除了渔船的名称有江山船和茭白船的不同以外，关于九姓渔民来自陈友谅部属、分布于钱塘江上的"睦、杭间"（桐庐、严州）的说法都是一致的，与方桀如的观点也十分吻合。

清末民初，民族危机日益加重，民族独立、民族救亡的呼声日益高涨（当时对于"民族"的理解十分模糊，往往将某一个社会群落也等同于一个民族），关于九姓渔民以及绍兴的堕民、广州珠江上的疍民的调查记录明显增多，见于各类报刊书籍，如绍兴人范寅编撰的《越谚》、杨昌祚的《游杭纪略》、叶浅予的《富春江游览志》、黄九如的《浙江省人文地理概要讲义》等等。不过迄今为止最权威的记录仍然出自曾经两度出任严州知府并在任上为九姓渔民平反的戴槃。

咸丰四年（1854）秋，戴槃奉命前往徽、严二州（也是皖、浙两省）交界处负责防堵太平军的防务工作，他

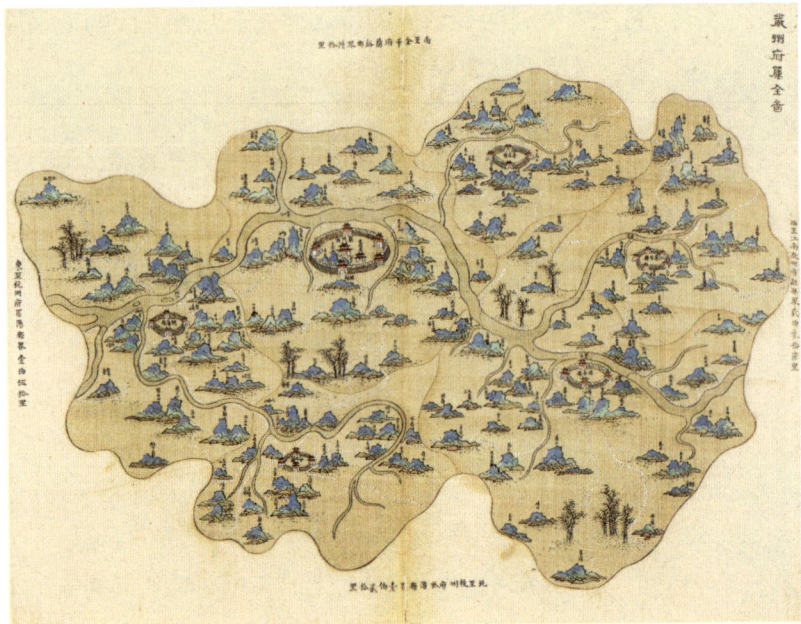

《严州府属全图》

坐了一艘陈姓的菱白船前往，陈姓的驾长请求他裁减九姓渔民的税赋，因为不了解具体情况，戴槃不敢贸然答应，只是说将来如果到严州任职再行处理。

十一年后，戴槃真的来到严州任职，担任知府，他没有食言，在做了深入细致的调查之后，向上级报告了实际情况。戴槃在报告中仔细分析了征收九姓渔课的利弊，坚决要求全部免去；为了杜绝后患，同时要求在政治上为九姓渔民平反。这个报告很快得到了省里的批准。他以严州府的名义张贴告示，刻石勒碑，给每户九姓渔民发平反证明。总之，在知府权限内能做的，他都做了。

戴槃还是个有心人，他将这些调查报告、考证文章、官方文件汇编成《裁严郡九姓渔课录》一书，为后人留下了宝贵的记录。

据戴槃《九姓渔船考》一文介绍，九姓渔民开头"以渔为生"，主要靠打鱼，后来大概随着人口的繁衍增加，才扩大到航运的业务，"改而业船"，跑起了客运服务。这些船只编为伏、仁、义、礼、智、信、捕七个字号，有"大小船只二千三十一号"，统归严州府建德县管辖。太平天国运动以后，剩下一千多只。这些船只分为"头亭"和"茭白"两种，不过戴槃没有具体描述船只的结构状况。

茭白船民国时期犹存，俗称"堂子船"（"堂子"是严州人对妓院的称呼）。据造船世家出身的建德造船厂厂长朱忠森的描述，茭白船较普通客船宽敞，中间留有通道，两旁隔成若干包厢，包厢内设有桌椅，供客人喝茶饮酒，两头设有客舱，可供客人过夜。"头亭"应和茭白船差不多。船上的"服务员"大多由九姓渔民的妻女担任，也有的是岸上穷苦人家卖来的小姑娘充任的。这些随船的"服务员"从小就经过严格的艺术培训，吹拉弹唱，无所不能，天分高的还会琴棋书画，前者有如当今之陪酒女郎，后者则有如古之艺伎。当然也有需要提供"特色服务"的，这在男人纳妾、妓院公开的古代，乃是常见的状况，并不值得惊讶。

茭白船上的女子常被人称为"同年嫂""同年妹"，戴槃认为"同年"实乃"桐严"之误。因为茭白船多停泊在严州或桐庐城下，从事这一行业的又多为桐庐、严州人，故有"桐严嫂""桐严妹"之称。

"同年"一词含义宽泛，雅俗皆有：雅者谓同科进士互称同年；俗者可指情人、伴侣，这在民歌中多有表现。这里的"同年"有装嫩、套近乎的暧昧气息在内，有色情之嫌。旧时在水上跑的纤夫、水手甚至手艺人，往往互称"同年哥"，带有调侃、揶揄之意。

戴槃《九姓渔船考》书影

自公元十四世纪中叶到二十世纪中叶，九姓渔民作为一个"族类"，在钱塘江上漂泊了将近六百年，跨越了三个朝代，其间发生了多少可歌可泣的故事，他们的悲惨命运引起了许多有正义感的文人士大夫的同情和关注，他们的遭遇被记录下来，或载入著作，或写成诗文，多方呼吁，冀图引起社会的关注，其中固然有猎奇的意思，但毕竟扩大了影响。就笔记小说而言，以道光年间桐城许奉恩的《袁姬》及近代庐江人刘体智的《宝廷典试狎妓》两篇影响较大。

《袁姬》说的是九姓姑娘袁阿翠以自己的机智斗败老

鸨、追求到了幸福的故事，情节曲折，充满悬念，勾人心弦，是一篇优秀的笔记小说。

《宝廷典试狎妓》是说清宗室宝廷在浙江和福建两省乡试当考官之后，两次都带回九姓船娘。结果在第二次返回京师途中，发生了麻烦，地方官要将他扣留。宝廷做了亏心事，不敢声张，又唯恐政敌找他的麻烦，于是主动上疏请罪，请求免职。这件事在当时闹得沸沸扬扬，有人还写诗嘲讽。其实宝廷人倒不坏，官声也不错，于是有人为他辩解说他这样做乃是自污，以求早日脱离官场。

同治十二年（1873），宝廷任浙江省乡试副考官，他从杭州买回来一个船妓，就是南方人称"花蒲鞋头船娘"的那种女子。快要抵达京都时，不敢同船而坐，让船娘另外坐船走。等到宝廷从京城派车到通州去接的时候，人和船都不见了，此事成为士林的笑话。

光绪八年（1882），宝廷又被派到福建去当考官，这回是当了正考官了，主持考试，更加威风了。此次由钱塘江坐江山船前往，和船上的一个姑娘好上了。这个九姓姑娘脸上有麻点，并不漂亮，但宝廷是个近视眼，并没有发觉。从福建回去的路上，他将这个麻脸姑娘娶作小妾。鉴于上一次的教训，宝廷一直与小妾一起走，一路行来，十分招摇，路人都指指点点。

来到杭州郊区的袁浦，当地县令怀疑他是个冒充的官员，要把他连船带人一起扣留，这弄得宝廷十分紧张。因为平时为人耿直，得罪过不少人，他担心有人借机做文章，只得在路上向朝廷打报告，请求处分。经过朝中大臣的讨论，决定将其撤职罢官。

刘体智《异辞录》卷二载《宝廷典试狎妓》

　　当年宝廷曾经以类似的罪名弹劾过尚书贺云甫，不料而今噩运也轮到了自己的头上。京城有人写诗嘲笑说：

　　　　昔年浙水载空花，又见闽孃上使槎。
　　　　宗室八旗名士草，江山九姓美人麻。
　　　　曾因义女弹乌柏，惯逐京娼吃白茶。
　　　　为报朝廷除属籍，侍郎今已婿渔家。

樵夫土地

严州城北有一座乌龙山，山势高大险峻，山中古木
参天，虎豹出没，山下大路边有一座土地庙。

有一天，一个赶路的人错过了投宿的村庄，晚上就
在土地庙的供桌下将就一宿。睡到半夜时分，只见一只
猛虎走了进来，问土地公公："我明天应该吃哪一个人？"
土地说："明天早上有一个手摇纸扇、一路唱着歌、身
穿白衣服的读书人，是该你吃的人。"这个人听了这番
对话，知道这个白衣人明天会有性命之忧，决定出手相救。

他找了一根大木棍来，预先在大路旁守候，过了一
会儿，穿白长衫的读书人真的来了，他赶紧迎上前去，
向他说明情况，让他改道而行，自己则紧握木棍等候猛
虎的到来。

过了一会儿，老虎果然来了，他操起木棍与老虎搏斗，
将老虎打死了。打死了老虎，走进土地庙歇息，看到土
地塑像，气就不打一处来，他指着土地骂道："你坐在
这里享受人间的香火，却不做好事，不保佑百姓，反而
教唆老虎吃人，你还有资格坐在这里吗？这个位置应该
由我来坐。"说罢，把土地的塑像推倒在地，自己坐了

193

上去，不一会儿竟然瞑目而逝。

人们装塑他的遗体做了一尊塑像，称之为"肉身土地"。自从这个肉身土地坐在这里之后，乌龙山上就再也没有了虎患。

这是记录在《民国建德县志》中的一则笔记小说，录自《芥园杂著》一书。《芥园杂著》的书名、作者都不清楚，或许出自本地文人之手，又或者出自客居严州的文人之手也未可知。

严州民间也流传着和这差不多的故事，只不过打虎人的身份是一个上山砍柴的樵夫。

乌龙山林木丰茂，是州城的薪炭之山，为穷人托命讨生之处。常有失业之人，以伐薪采樵为生，其中不乏

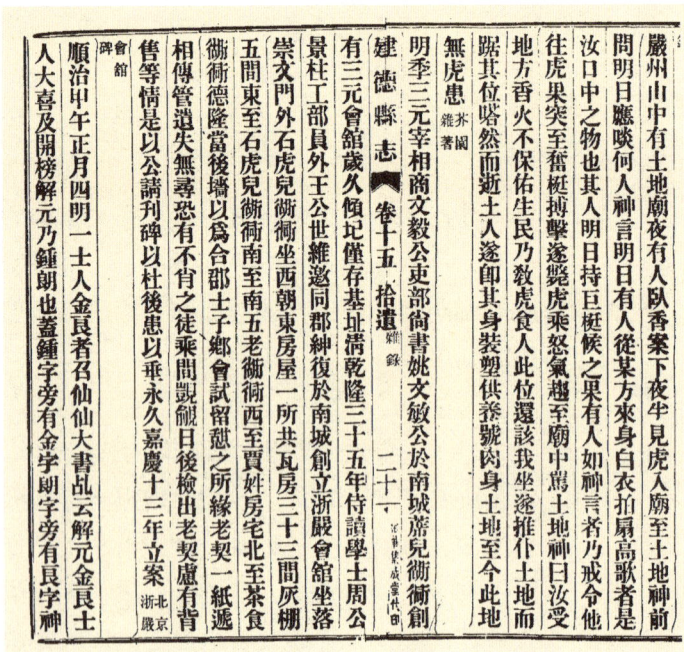

《民国建德县志》载"肉身土地"故事

品德高尚的饱学之士，如严州民间盛传的"挑担书生"朱买臣，就曾经流落到严州地面以砍柴为生。他坚持苦读，最后被皇帝赏识，成就了一番事业，传为千古佳话。

乌龙山十分高大，上山砍柴要起得很早，不然当天就赶不回家了。这天樵夫估摸错了时间，起得太早，到山脚时天还没有亮，于是就在土地庙中休息一下，等待天明时再上山，后来就发生了打虎救人的故事。由此可以推断，这个肉身土地是一个樵夫土地。

在明代谢肇淛编著的《五杂组》一书中，也有类似的记载。

> 新安有众逐虎，虎窜入神祠中，见土偶人，庞然大也，搏之，偶踣而压虎腰折焉，众生得虎。时丁应泰为令，以为异政通于神明也，为新其祠，且令百姓歌谣之。①

新安即今天的歙县，是严州的上游邻县，同属新安江流域，也是山区，风气多有相通之处，不过这个故事里的老虎是被泥像压死的，而不是被人打死的。但是都发生在神祠中，这也许是一种巧合吧。

在山西的宁武县，有一个与严州几乎相同的故事。

宁武位于山西省北部山区，山岭纵横，地势与严州相仿，但是比严州更为高峻。山高林密，虎豹出没，不时有老虎出来伤人。传说老虎吃人都要先到城外的土地庙里去请示一下，土地会告诉它哪个人该吃，老虎才敢去吃。

一个砍柴的樵夫不相信有这种事情，就悄悄地躲进

①〔明〕谢肇淛：
《五杂组》卷九
《物部一》。

了土地庙里，想看一看究竟。当天晚上，正在他迷迷糊糊想睡觉的时候，忽然看见一只老虎跪在土地面前，请求给它分配吃人的名额。土地告诉它，明天有一个挂着竹棍的白胡子老头要经过这里，是它的早餐。

第二天，樵夫果然看到一个老爷爷拄着拐杖走过来了。樵夫正想上前劝阻，谁知老虎突然跳了过来，一下子就咬住了老人，樵夫想挺身相救已经来不及了。当天晚上，樵夫仍旧睡在土地庙里，又看见另一只老虎来跪求土地，土地说，明天有一个背着小孩、身穿白衣服的妇女给你吃。老虎连连拜谢。

樵夫听了，不由得怒火中烧，难以入睡。好不容易熬到天亮，他便把这两天的所见所闻告诉邻里众人，然后再次来到土地庙里，指着土地的鼻子骂道："你享受一方香火，应该为一方百姓服务，保护百姓的利益。现在你反而为虎作伥、助纣为虐，残害百姓，带着老虎吃人，人虽然不是你吃的，其实都是你害死的。你还配坐在这里吗？"说完，用挑柴的扁担猛劈神像，神像应声而倒。

樵夫说："你这个位置应该让我来坐。"说罢，撩起衣服坐了上去，就没了声息，逝世了。村民们见了，大为惊异，就将他的遗体涂上干漆，贴上金箔，号称"肉身土地"。

宁武版肉身土地和严州版肉身土地的故事几乎同出一辙，不同的是，严州的樵夫与老虎搏斗，及时制止了悲剧的发生，而宁武的樵夫并没有和老虎正面接触，只是因为骂了为虎作伥的土地而被神化了。比起严州版的樵夫来，宁武版的樵夫少了一点正面杀敌的气势与威风，有很大的区别。

古时，土地虽然职务低，但也是分管一方的"地方官"。旧时戏文、小说中凡上级领导下基层，都要找当地的地保了解情况，这个地保类似阴间的土地了。

古代中国，哪怕穷乡僻壤都有土地庙，里面供奉着土地公公，有的还配有土地婆婆，慈眉善目，笑眯眯地，看着十分亲切。土地公公的造型虽然没有头顶乌纱，脚踏朝靴，但也是穿鞋戴帽，衣冠整齐，打赤脚穿草鞋的少之又少。

严州颇多赤脚之神，除了樵夫土地以外，还有供奉在姚村白云洞王公祠中的严州知府王光鼎，也是光着脚穿着草鞋的造型。

比起宁武的樵夫来，严州的樵夫多了几分勇气，体现了严州敢于反抗、敢于碰硬的民风。从严州樵夫的身上，我们可以看到唐代陈硕真、宋代方腊的影子。

杭州风雅 **HANG ZHOU**

附录：

山西宁武县多虎，村氓被噬者甚众。城外有土地神祠，相传虎食人，必先告神，神言某人汝当食，虎始得食，非神命不敢噬也。

有樵夫某，疑其说，宿神祠以觇之。朦胧间，见有虎跪神前求食。神曰："明日有白须老翁，手持竹杖者，命合尽，食之可耳。"虎顿首谢。次日，樵于山中果见一翁扶藜而至，欲呼止之，忽榛莽间有虎突出，径前扑翁。樵大呼驰救，已无及矣。夜仍宿于祠，复见一虎跪求如前。神曰："明日有缟衣妇，肩绷一儿，俱应遇害，汝其食之。"虎又叩谢。樵愤极不能成眠。比晓，集邻人，告以所见，且至神前数之曰："尔血食一方，当为间阎除害，今率兽食人，人虽死于虎，实死于尔也，何以神为？"以樵担斫神像，应手而倒。曰："此座合让吾！"摄衣登座，端坐而逝，村人共相惊异。即漆其身以金装之，号为"肉身土地"。自樵成神后，邑中虎患遂绝。间有入山遇虎者，亟呼曰："土地救我！"虎即摇尾帖耳而去，从未有罹害者。

——〔清〕陆长春：《香饮楼宾谈》卷一《肉身土地》

山中桃源

谢宝树在严州府做教授（教育局长）的时候，曾经奉命代表府太爷前往县东与浦江县交界的梓潼乡（今建德市乾潭镇姚村村）清丈耕地田亩。

田亩所交的赋税是地方财政的主要来源，田亩数字是官府收缴赋税的依据，十分重要，必须丈量清楚，以防经办人员从中做手脚。

梓潼距离州城有上百里路，沿途都是崇山峻岭，十分险峻，走的全是羊肠小道，崎岖弯曲，下临万丈深渊，坐在轿子里就像在半空中转悠，心情十分紧张，有些危险的地方不得不下轿步行。

梓潼乡有一千多户人家，到了乡里，别有天地，有水田，有村庄，鸡鸣犬吠，炊烟四起，乡风淳厚，衣冠古朴，就像一处世外桃源。

乡亲们听说官府来人了，便早早地举着香案等候在村口，先请谢教授到王公祠中祭拜王公。

王公祠内供奉的是康熙年间（1662—1722）的严州

知府王光鼎，当年王光鼎曾经到这里的龙潭求过雨，后来竟然因为求雨抗旱死于任上，所以这里的百姓们为他建了祠堂。祠堂里悬挂着王公的画像：头上戴着官帽，脚上却穿着草鞋——正是当时求雨时的打扮。

乡亲们告诉谢教授，自从康熙年间王公来过之后，已经一百多年过去了，今天才看见有州府里的人到来，真是"稀客"呀！乡亲们的接待工作做得十分到位，家家户户都摆好了酒宴，要盛情款待来客。谢教授被乡亲们的热情深深地打动了——这都是一些多好的百姓呀！但是他知道乡亲们并不容易，所以极力推辞，处理完了公务就赶紧返回州城了。

当时正是太平天国运动结束后不久，但是这里却没

俞樾《春在堂随笔》卷七载谢敏斋于梓潼乡事

有受到什么影响。

进村只有一条山道，村民们守住山口，外人就攻不进来，所以能够躲过战火，保住村里的安全，真是乱世中的桃源福地呀！

这段故事被晚清大学者俞樾记录了下来，收进散文集《春在堂随笔》之中。俞樾对谢宝树开玩笑说："村民们说了，王公之后就你一位官员去过，今后你的光辉形象一定会和王公挂在一起，那就不能叫王公祠，而应该叫'王谢堂'了。"俞樾在这里巧妙地运用了唐人刘禹锡"旧时王谢堂前燕，飞入寻常百姓家"的两句诗，幽了谢教授一默。

谢宝树，字杏川，号敏斋，钱塘（今浙江杭州）人，同治四年（1865）十一月任严州府学教授。

"广文"是教授的别称。唐代天宝年间（742—756）设广文馆，设博士、助教等职主持国学，因此称教官为"广文"或"广文先生"。杜甫的老友郑虔曾任广文馆博士，杜甫作《醉时歌》相赠，有"诸公衮衮登台省，广文先生官独冷。甲第纷纷厌粱肉，广文先生饭不足"之句。

俞樾（1821—1907），字荫甫，号曲园居士，浙江德清人，清末著名学者、文学家、经学家、古文字学家、书法家，当代著名红学家俞平伯的曾祖父，鲁迅的老师章太炎、西泠印社的首任社长吴昌硕都出自他的门下。道光三十年（1850）进士，会试复试时以"花落春仍在"一句得到主考官曾国藩的激赏，将他从第十九名移至第一名，后被分配翰林院"上班"，不久即外放为河南学政。

俞樾不善做官，不会按官场中的"游戏规则"出牌，结果不到一年就被御史参奏罢了官，从此告别官场，一辈子钻研学问，成为一代鸿儒。

同治六年（1867），俞樾应浙江巡抚马新贻邀请担任杭州诂经精舍山长，在此讲学三十余年，直到七十九岁时才退休回家，著有《春在堂全书》五百卷。

《春在堂随笔》是一部学术笔记，内容广博，包含学术考证、诗文杂录、民情记载、时政议论等，笔调灵动，充满生活气息、人生智慧，具有一定的学术价值和史料价值。这篇《山中桃源》（原文无题，题目为笔者代拟）为读者描述了一幅现实版的桃花源景象，具有重要的史料价值和文学意义。

严州地处浙西山区，云山苍苍，江水泱泱，山高水长。山高也就路险，白云深处散落着数不清的小山村，真是"只在此山中，云深不知处"。像俞樾老先生笔下的"桃源福地"

俞樾《春在堂全书》书影

不知有多少。

这些山中的"世外桃源"看似分散，但都围绕着一条条水流分布，山民们逐水而居，开辟草莱，引水浇灌，形成一个个村落，人们称之为"源"，类似于西北黄土高原上的"塬"，严州方言称之为"源道""源里""源道里"。源的名称自古有之，晚唐诗人方干隐居之处叫白云源，唐代农民起义领袖陈硕真举义之处叫梓桐源，宋代方腊起义的地方为帮源，等等。

山源的开发可以追溯到先秦时期，越国灭亡之后，其后人散落各地，遍及整个南方，甚至远及东南亚和南太平洋诸岛。居住在闽、浙山区的越人被称为"山越"，浙西一带山源中的最早居民就是山越人的后代。山越人终身生活在崇山峻岭之中，惯于翻山越岭，十分彪悍，秦汉三国时期成为一股威胁政权的势力，后来为东吴大将贺齐所破，老弱者下山脱贫，青壮年编入队伍，成为一支能征善战的铁军。贺齐曾对孙权说，给他十万山越兵，他可以横扫中原！

除了世代相传的原居民以外，山源中更多的是从外地迁入的人口，或因为避战乱，或由于逃饥荒。严州民间流传着许多历史名人逃难至此的故事，如春秋时期的伍子胥逃难，西汉初年的朱买臣逃难，并且留下了与他们姓名有关的地名：与伍子胥有关的有胥岭、胥溪、胥村、胥口，宋代还设置了胥村驿，是严州三大驿站之一；与朱买臣有关的有朱池、幽径和招贤桥、招贤里。这些古老的地名已经有一千多年的历史，被载入宋代的志书，成为严州历史的一部分了。

中国历史上有过几次大规模的人口迁徙，如"八王之乱"引起的晋室南渡、"靖康之变"后的宋室南渡等等，唐朝末年天下大乱带来的五代十国的嬗变，也造成了规模不小的人口逃亡和迁徙。人口流动的方向总体上是由北向南，是由黄河流域向南方的长江流域乃至更南面的珠江流域迁徙。主要原因当然是躲避战乱，但是也有南方开发空间较大的因素。尤其是明清以后，随着薯类植物（番薯、马铃薯）和玉米这些适宜山地种植的粮食作物的引入，南方山地可以容纳更多的人口，从前人迹罕至的地方也有了人烟，得到了开发。当然更重要也更容易被人忽视的是，南方山区不仅适于生存，更便于隐蔽，相对于平旷的中原大地更适宜避难，这就是《桃花源记》和刘阮遇仙的乌托邦故事只能出现在南方山区的重要原因。

历史上，中国是个超稳定的农业社会，千百年来，山源中人过着自给自足的生活，与外界交往很少，"不知有汉，无论魏晋"，外界对他们的影响也不大，波澜不惊，不理外事，不想升官发财，不求飞黄腾达，但求平安淡泊。

不过山民们也不是逆来顺受的羔羊，可以任人宰割。在残酷的压迫下，他们也会发出不平的怒吼，他们的吼声足以震撼统治者的大厦，陈硕真和方腊这两个"草头王"从山源中发出的怒吼，"搅得周天寒彻"，天地也为之变色。

元朝末年，群雄逐鹿，天下大乱，有一个名叫于石的读书人来到建德与浦江交界的群山之中，他有感于山乡的宁静生活，写下了一首《小石塘源》的长篇叙事诗，讴歌这一带"万山郁回合，群木尤老苍""绿萝下百尺，笑挹清泉香""数家联聚落，茅茨带林塘""林霏掩苍翠，回首路杳茫"的世外桃源式的风光与环境，堪称俞樾文章的诗歌体，可以对照起来阅读。

到近代，山源中更是酝酿着反抗的怒火，同盟会的会党常常选择在山源进行反清革命活动。建德、桐庐的山区里爆发过白布会起义。在中国共产党的领导下，山源中亮出了工农武装暴动的红旗，进行了可歌可泣的革命斗争，涌现出了童祖恺、童润蕉、严如清、李如宾等等革命烈士和英雄人物，方志敏领导的红十军团也到浙皖边界山区开展过革命活动，为山源写下了红色的篇章。

参考文献

1.〔汉〕赵晔:《吴越春秋》,江苏古籍出版社,1999 年。

2.〔晋〕干宝:《搜神记》,中华书局,1979 年。

3.〔唐〕柳宗元:《柳河东集》,上海古籍出版社,1993 年影印本。

4. 王汝涛等:《太平广记选》,齐鲁书社,1980 年。

5. 丁福保辑:《历代诗话续编》,中华书局,1983 年。

6.〔宋〕徐铉:《稽神录》,中华书局,1996 年。

7.〔宋〕普济:《五灯会元》,中华书局,1997 年。

8.〔宋〕范仲淹:《范文正公文集》,清涵芬楼版。

9.〔宋〕魏泰:《东轩笔录》,中华书局,1997 年。

10.〔宋〕文莹:《湘山野录》,中华书局,1984 年。

11.〔宋〕叶梦得:《石林燕语 避暑录话》,上海古籍出版社,2012 年。

12.〔宋〕王铚:《默记》,中华书局,1981 年。

13.〔宋〕方勺:《泊宅编》,中华书局,1983 年。

14.〔宋〕张邦基:《墨庄漫录》,中华书局,2002 年。

15.〔宋〕陈公亮:《严州图经附校字记》,商务印书馆,1936 年。

16.〔宋〕陆游:《陆放翁全集》,北京市中国书店,1986 年影印本。

17.〔宋〕洪迈:《容斋随笔》,上海古籍出版社,1995 年。

18.〔宋〕洪迈:《夷坚志》,中华书局,2006年。

19.〔宋〕罗大经:《鹤林玉露》,中华书局,1983年。

20.〔明〕刘辰:《国初事迹》,天一阁本。

21.〔明〕叶子奇:《草木子》,上海古籍出版社,2012年。

22.〔明〕宋濂:《宋学士全集》,中华书局,1985年。

23.〔明〕陆容:《菽园杂记》,中华书局,1985年。

24.〔明〕叶盛:《水东日记》,中华书局,1997年。

25.〔明〕焦竑:《玉堂丛语》,中华书局,1997年。

26.〔明〕朱国祯:《涌幢小品》,文化艺术出版社,1998年。

27.〔明〕冯梦龙:《古今笑史》,花山文艺出版社,1985年。

28.〔清〕方楘如:《集虚斋学古文》,淳安县政协文史和教文卫体委员会,2010年。

29.〔清〕王士禛:《池北偶谈》,中华书局,1982年。

30.〔清〕戴槃:《裁严郡九姓渔课录》,清同治年间刻本。

31.〔清〕俞樾:《春在堂随笔》,辽宁教育出版社,2001年。

32.〔清〕刘体智:《异辞录》,中华书局,1997年。

丛书编辑部

艾晓静　包可汗　安蓉泉　李方存　杨　流
杨海燕　肖华燕　吴云倩　何晓原　张美虎
陈　波　陈炯磊　尚佐文　周小忠　胡征宇
姜青青　钱登科　郭泰鸿　陶文杰　潘韶京
（按姓氏笔画排序）

特别鸣谢

王其煌　邵　群　洪尚之　张慧琴（系列专家组）
魏皓奔　赵一新　孙玉卿（综合专家组）
夏　烈　郭　梅（文艺评论家审读组）

图片作者

梅城镇政府　建德市档案馆　浙江省图书馆
汪玉英　张霞萍　周　密　施正越　盛世祥
章建文（按姓氏笔画排序）